Lin 27/19210

ÉLOGE
DE SUARD.

ÉLOGE

DE SUARD,

SECRÉTAIRE PERPÉTUEL DE L'ACADÉMIE FRANÇAISE.

PAR FRANÇOIS PÉRENNÈS.

DISCOURS AUQUEL L'ACADÉMIE DES SCIENCES, BELLES-LETTRES ET ARTS DE BESANÇON A DÉCERNÉ UNE MÉDAILLE DE DEUX CENTS FRANCS, DANS SA SÉANCE DU 24 AOUT 1841.

> Le caractère des hommes célèbres n'est pas moins digne de fixer nos regards que leurs talents.
>
> D'ALEMBERT.

BESANÇON.

CHARLES DEIS, IMPRIMEUR-LIBRAIRE,

GRANDE-RUE, 43.

1841.

Bien que nous ayons plusieurs mémoires ou biographies, dont Suard fait le sujet secondaire ou principal, on peut avancer que cet écrivain franc-comtois n'a nulle part été jugé convenablement. Malgré la faiblesse de mes moyens, j'ai essayé de tracer un examen impartial et raisonné, quoique bref, de ses actes et de ses talents. Cette entreprise n'était pas, qu'on me permette de le dire, sans quelque difficulté; car j'étais placé entre les préventions injustes et passionnées de plusieurs écrivains contre Suard, et les panégyriques outrés et maladroits de certains amis. S'il est vrai, comme on l'a prétendu, qu'il n'appartient qu'aux hommes supérieurs de donner matière à des jugements extrêmes, dans la louange et dans le blâme, Suard n'a rien à regretter. Il a été aussi chaleureusement défendu que véhémentement attaqué. Gilbert avait écrit dans sa fameuse satire du *Dix-huitième siècle,* en parlant des encyclopédistes :

L'auteur le plus fécond, sans leur appui vanté,
Travaille dans l'oubli pour la postérité :
Mais par eux, sans rien faire, un fat nous en impose ;
Turpin n'est que Turpin, Suard est quelque chose.

Un auteur, le même qui a composé pour la *Biographie universelle* l'article *Bernardin de Saint-Pierre,* contre lequel ont si vivement réclamé M. Charles Nodier et M. Aimé Martin, a grossi depuis un autre recueil de celui de Suard qu'il a fort maltraité. A chaque ligne on y voit percer un instinct de dénigrement qui fait peine. Le passage suivant suffira pour donner une idée de l'esprit dans lequel l'article est conçu. Il s'agit de Condorcet, à l'époque où l'atteignit la proscription révolutionnaire : « Cet infortuné légis-
» lateur, errant aux environs de Paris, se rappela
» qu'il avait à Fontenay-aux-Roses un ancien ami,
» Suard. Excédé de fatigue et de besoin, il lui de-
» manda un repas et un peu de tabac. Suard ne lui
» refusa pas ce dernier service. » Je n'ai pas besoin de faire remarquer avec quelle malignité cette odieuse imputation est exprimée. Il est triste qu'il y ait des écrivains qui semblent regarder l'occasion de dresser un acte d'accusation comme une bonne fortune. Mais encore faudrait-il, par respect pour ses lecteurs, si ce n'est par respect pour soi-même,

que ce ne fût point aux dépens de la vérité. Déjà l'auteur que nous venons de citer avait accusé Bernardin de Saint - Pierre d'avoir refusé un asile à M. le marquis de Montciel, au Jardin-du-Roi, pendant les orages politiques. Cet ancien ministre de Louis XVI déclara que rien n'était plus faux, et que l'auteur de *Paul et Virginie* avait, au contraire, publié à cette époque une brochure royaliste qui lui avait attiré la haine des jacobins (1). C'est à peu de chose près la même imposture que l'on réchauffe aujourd'hui pour une autre biographie, sans même essayer de rendre plausible, en lui prêtant un air de vraisemblance, une lâcheté péremptoirement démentie par la vie entière de Suard. Pourquoi le biographe n'a-t-il pas réfléchi qu'il obligeait en quelque sorte le lecteur honnête à se souvenir des termes sévères dans lesquels M. Aimé Martin lui reproche de vouloir *qu'on prenne ses assertions pour des preuves, et ses injures pour des arguments* (2) ?

La notice que M. Roger, héritier du fauteuil académique de Suard, a rédigée pour la *Biographie universelle*, plaît surtout par son excellent esprit de justice et d'impartialité; mais elle n'est que ce

---

(1) Ce qu'il y a de curieux dans le fait sur lequel est échafaudé ce mensonge historique, c'est que ce fut Bernardin de Saint-Pierre qui refusa la retraite offerte par M. Terrier de Montciel.

(2) *Deuxième supplément* à l'*Essai sur la vie de Bernardin de Saint-Pierre*, tome des *OEuvres posthumes*, page LXVIII, 1re col.

qu'elle pouvait être, un résumé biographique, et par conséquent incomplet.

Restent les mémoires historiques de D.-J. Garat sur la vie de Suard, sur ses écrits et sur le dix-huitième siècle. Ces mémoires forment deux volumes in-8 assez considérables. Cependant, et nous en appelons à tous ceux qui les ont lus avec quelque attention, ils sont loin de donner une idée exacte et satisfaisante de la vie de Suard, et surtout de ses écrits. Plus d'une fois, l'auteur s'arrête avec une minutieuse complaisance sur des détails puérils, qu'on est surpris de trouver dans un livre qui s'annonçait sous un titre aussi grave, et cette prolixité fatigante rebute le lecteur le plus bienveillant. Qu'on se rappelle, par exemple, le récit de la captivité au château de l'île Sainte-Marguerite, où le narrateur n'oublie pas de nous spécifier qu'il fallait au prisonnier de l'adresse pour regarder la mer par la fente de la meurtrière; et, observe-t-il, l'adresse ne s'acquiert qu'avec de l'exercice, etc. (1). Nous pourrions multiplier les citations de ce genre. Ailleurs l'auteur des mémoires s'appesantit trop sur ce que Suard n'a pas fait, mais aurait pu faire, afin de conclure par une plus haute évaluation de son mérite. Je suis persuadé, je l'avoue, que peu de lecteurs sont disposés à estimer et admirer un homme sur parole, et que le meilleur

(1) *Garat*, tome Ier, page 31.

moyen de concilier à son héros l'admiration et l'estime, c'est de produire ses actes et ses écrits, et même, si l'on veut, mais par voie de déduction, ses opinions et ses pensées; en un mot, de nous offrir un tableau qui reproduise tout l'original que l'on fait poser, et rien que l'original, sans ce luxe d'enjolivements dont Suard, au surplus, n'avait pas besoin. Puis, le portrait n'est-il pas presque toujours éclipsé par les accessoires si nombreux et si saillants du tableau dans lequel on s'attendait à le voir figurer sur le premier plan? Souvent il arrive qu'on le perd de vue; et, lorsqu'on le retrouve, on a peine à comprendre ce qu'il fait là, parce que rien n'explique suffisamment si le tableau est fait pour le portrait, ou le portrait pour le tableau.

Quant à la critique littéraire des œuvres de Suard dans ces mémoires, elle est à peu près nulle.

Je conviens que plusieurs des digressions dont le livre de Garat abonde portent le cachet d'un grand talent, bien qu'on y rencontre certaines déclarations de principes en contradiction formelle avec les lois de la saine morale. D'une autre part, un défaut habituel à cet écrivain, c'est, en cherchant à tout prix à généraliser ses idées, de les faire tomber dans le vague et dans le décousu. S'il traite un sujet, il élargit indéfiniment son cadre, en y faisant entrer de force des matières qui n'ont avec le sujet que des rapports éloignés. On en peut voir un exemple, et ce n'est pas le plus frappant, dans l'histoire des conversations en France, qui forme une partie du livre troisième. A Dieu ne plaise que je mérite le reproche que je viens d'adresser à quelques biographes, en blâmant sans ménagement une production qui, sous plusieurs rapports, est très-estimable. J'ai voulu montrer seulement pourquoi, indépendamment du motif du concours, j'ai adopté un sujet que d'autres ont paru avoir épuisé, et quelle est l'idée mère qui m'a conduit, lorsque j'ai tâché d'apprécier l'homme dans ses deux manifestations les plus saisissables, la parole et la pensée.

ÉLOGE
DE SUARD.

> Le caractère des hommes célèbres n'est pas moins digne de fixer nos regards que leurs talents.
>
> D'ALEMBERT.

MESSIEURS,

Lorsqu'un homme, placé par l'ascendant de son génie au premier rang de ses contemporains, a opéré quelque révolution dans une branche des connaissances humaines, ou lui a imprimé une direction nouvelle, son histoire devient une partie de l'histoire de la science elle-même. L'écrivain qui entreprend son éloge doit remonter à l'origine de cette science, en suivre pas à pas les progrès, en apprécier l'état au moment où parut cet heureux génie, et dans son vaste tableau marquer ce que le novateur illustre a reçu de son siècle comme de ceux qui l'ont précédé, et ce qu'il a puisé dans sa propre intelligence. Souvent même on peut prévoir une partie des succès que l'avenir réserve aux esprits studieux qui entreront dans la carrière aplanie devant leurs pas. Ainsi, l'histoire de l'homme et l'histoire de la science s'éclairent l'une par l'autre, et le public peut facilement juger la part d'admiration à laquelle a droit cet inventeur, dont le nom à jamais gravé dans les fastes littéraires, arrive entouré de son auréole brillante à la postérité. C'est à ce point de vue que Fontenelle traça quelques-uns de ses éloges immortels, entre autres celui de Newton, que Thomas fit celui de Descartes, Villemain les éloges de Montaigne et de Montesquieu.

Mais ces génies, qui apparaissent de loin en loin dans le cours des âges, n'ont-ils pas dans leur grandeur même quelque chose qui humilie le commun des hommes? Ils frappent, ils étonnent, ils instruisent. Mais telle est l'infirmité de notre nature, que leur élévation prodigieuse blesse notre amour-propre dans ses fibres les plus secrètes et les plus délicates. On leur reprocherait volontiers de s'être ainsi dégagés d'une partie des liens qui captivent la raison humaine, et c'est ce qui explique l'acharnement des critiques contre toute œuvre de quelque portée. Et quand il serait vrai que l'élite de la société applaudirait aux triomphes de ces nobles esprits, leur nombre, qui forme une si mince exception dans la masse universelle du genre humain, aurait encore plus lieu de nous attrister que de nous réjouir. Chacun de nous n'éprouve-t-il pas, en mesurant la hauteur de ces sublimes intelligences, une émotion pareille à celle qu'éprouve un voyageur qui s'arrête découragé au pied d'une montagne dont le sommet se perd dans les cieux? Ces génies sans doute ont droit à notre admiration, mais ne nous peuvent être proposés comme des modèles que nous soyons tenus d'atteindre et de reproduire avec fidélité. Pareils à ces fiers usurpateurs qui dominent une époque de troubles civils, ils forment à eux seuls toute leur race. Ou si l'on ose les suivre de loin, ainsi que cela se voit le plus souvent, la tourbe des imitateurs impuissants et serviles ne sert qu'à rendre plus éclatant l'isolement des supériorités intellectuelles.

Il est d'autres talents plus modestes, qui, sans se distinguer par l'originalité de leurs œuvres, occupent cependant un rang honorable dans une littérature. Ils n'illumineront pas une époque des rayons de leur gloire : mais ils contribueront à conserver la lumière des saines doctrines. Ils n'étonneront pas leurs contemporains par la vigueur de leur pensée, par la soudaineté de leurs inspirations ; mais ils seront exempts de ces écarts quelquefois funestes qui signalent la marche du génie. Ils serviront le génie lui-même, s'ils lui indiquent les moyens de prévenir les chutes, en s'appuyant dans ses créations les plus audacieuses sur les lois immuables et universelles sanctionnées par l'expérience, la raison et le bon goût. Soumettant constamment leur imagination au frein d'un jugement sévère, ils marcheront d'un pas sûr dans les routes les plus ardues de la vie commune. Dépourvus de la puissance de précipiter les esprits dans des domaines de la pensée inconnus avant eux, ils trouveront dans leur intelligence cultivée et mûrie, cette force qui fait qu'on ne reçoit de ses contemporains que la part des opinions et des mœurs que la conscience a d'avance circonscrite, et qui préserve de bien des fautes. Ils auront connu, étudié les faiblesses et les erreurs des hommes, et, prévoyant la borne contre laquelle viendraient expirer tous les efforts d'une ardeur de réforme intempestive, ils toléreront, ils excuseront même, s'ils le peuvent, tout ce que leur zèle ne pourrait corriger. Ce n'est pas que la société leur paraisse irréprochable ; s'il avait dépendu d'eux, ils l'auraient faite autrement : mais le passé n'est point à leur disposition, et ils acceptent la société comme ils la trouvent, résolus toutefois à faire prospérer les éléments de bien, à combattre les abus invétérés, à paralyser ou amortir les tentatives des passions mauvaises. Qu'on suppose à des hommes ainsi trempés cette habitude du monde sans laquelle il manque toujours quelque chose aux talents les plus éminents, à l'aménité de mœurs la plus exquise, on aura l'idée d'hommes d'une sociabilité parfaite. Alors dans la carrière littéraire comme dans la vie privée, ils pourront, dans l'acception rigoureuse du mot, servir de modèles.

Tel fut Suard. — Cet écrivain franc-comtois n'a attaché son nom à aucune œuvre bien considérable. Mais le goût le plus pur préside à tous ses écrits. Sans partager les haines et les passions de son époque, il maintint son autorité dans le mouvement littéraire du dix-huitième siècle, et se déclara le défenseur des principes éternels du vrai et du beau. Ses qualités personnelles, la grâce avec laquelle il savait constamment saisir les nuances les plus fines dans les convenances, le firent rechercher dans la société si brillante et si polie de son temps. Lorsque l'Académie française l'appela dans son sein, est-il sûr que l'homme aimable ne fut pas pour quelque chose dans le triomphe de l'homme de lettres ? En mettant son éloge au concours, n'avez-vous pas voulu, messieurs, rappeler aux jeunes gens que le savoir, loin d'exclure l'amabilité, la suppose, au contraire, et qu'il perd, surtout dans notre belle France, une partie de son prix à en être séparé ? Ses faiblesses même, s'il en eut, ne seront pas sans fruit pour nous ; elles montreront que ceux qui participent au mouvement social et politique d'une époque orageuse, toutes réserves faites en faveur du libre arbitre privé, sont plus ou moins assujettis, en dépit des meilleures résolutions, à cette grande loi qui rend toute société humaine solidaire.

Jean-Baptiste-Antoine SUARD naquit à Besançon le 16 janvier 1733 (1). Fils du secrétaire de l'université de cette ville, il sut mettre à profit dès sa plus tendre enfance toutes les facilités qui lui étaient ainsi naturellement offertes pour acquérir une instruction étendue et solide. Peut-être dut-il en partie à l'avantage de ne point sortir du sein de sa famille pendant le cours de ses études, et de s'y livrer constamment au doux bonheur d'aimer et d'être aimé, ce caractère liant et affable qui exerça sur tous les événements de sa vie une si heureuse influence. Il eut cependant à cette époque de sa carrière, dans une ville où les rencontres des étudiants et des officiers rendaient les duels assez fréquents, deux ou trois affaires d'honneur qui établirent sa réputation de bravoure et de loyauté. Il montra surtout dans un procès qui en fut la suite, et duquel dépendait la liberté, et peut-être la vie de l'un de ses condisciples, une fermeté d'âme qui ne se démentit jamais depuis. Après avoir subi avec un égal courage des traitements cruels et injustes, il fut enfin conduit au château de l'île Sainte-Marguerite, où sa captivité dura dix-huit mois. L'étude suivie de Bayle et de la Bible, qu'une espèce de hasard fit tomber entre ses mains acheva de mûrir son jugement et de former son goût. C'est peut-être aussi la lecture

---

(1) Suivant la *Biographie Universelle*, le 15 janvier 1734; suivant Garat, dans les derniers mois de 1732.

simultanée de ces deux livres, dont l'un est une école de doute, et l'autre est celle de la foi, qui adoucit dans les opinions de Suard ce que le scepticisme général des écrivains du dix-huitième siècle a de tranchant et d'exagéré. Lorsque, dans la suite, il s'entretenait au foyer de famille et avec des amis intimes des souvenirs de sa première jeunesse, il ne parlait de sa captivité, et des longues méditations par lesquelles il l'abrégea, que comme d'une chose à laquelle il était redevable de tout ce qu'on pouvait le plus estimer dans sa raison et dans son caractère. Mais surtout il dédaigna d'exploiter cette circonstance pour se donner, à l'exemple de plusieurs hommes fameux, une célébrité précoce, et y trouver des moyens faciles de popularité.

Le retour de Suard à Besançon fut une véritable ovation, qui le dut amplement dédommager de ses souffrances et de ses chagrins récents. Une population nombreuse, jalouse de transformer en une fête publique une fête de famille, se porta au-devant de lui, et les démonstrations de joie d'une cité qui sait environner de tant d'amour et de considération ceux de ses fils qui lui doivent faire honneur par leurs vertus, leur savoir et leurs talents, annoncèrent dès ce jour-là que le nom de Suard s'ajouterait bientôt à toutes les illustrations dont elle peut s'enorgueillir.

Comme s'il avait eu dès lors le pressentiment des succès qui l'attendaient sur une scène plus grande et plus variée, Suard, à peine rentré dans sa famille, se hâta de se rendre à Paris. Les épreuves qu'il eut d'abord à traverser, comme une foule de jeunes hommes de talent, qui, dépourvus des dons de la fortune, ont dû se créer eux-mêmes leur position sociale, ne purent le surprendre ni le décourager. Poussé par un sentiment de délicatesse peut-être excessive, il refusa plusieurs offres avantageuses, afin de se livrer avec plus d'assiduité à l'étude de la langue anglaise. Cette connaissance lui fut très-utile à une époque où les travaux de Voltaire, de Montesquieu et de Delolme avaient tourné tous les regards vers la Grande-Bretagne. Une feuille hebdomadaire anglaise était publiée à Paris; la traduction lui en fut confiée. Il trouva dans ce labeur le double avantage d'acquérir une plus grande intelligence de la littérature et des mœurs de nos voisins d'outre-Manche, et de jouir d'honoraires suffisants pour assurer son indépendance et fréquenter les meilleures sociétés de la capitale. L'académie de Perpignan (1) avait proposé pour sujet du concours d'éloquence l'éloge de Louis XV. Suard se présenta dans la lice et obtint le prix. On remarqua dans son discours une analyse éloquente et concise des ouvrages de Montesquieu. L'auteur de l'*Esprit des lois* se montra très-sensible à cet hommage du jeune écrivain. De ce moment datent les premiers rapports de Suard avec ce grand homme, et l'on doit convenir qu'il méritait de faire son entrée dans la carrière des lettres sous de tels auspices. Dans Montesquieu, ce n'était pas seulement le coup-d'œil vaste et perçant, l'écrivain original, le génie profond que l'on vantait; on aimait encore en lui cette causerie vive et piquante, ce ton simple et familier, cette absence de prétention accompagnant une renommée si belle, et qui ne se remarque que parce qu'elle est si rare. En venant s'éclairer à ce vivant foyer de lumières, Suard sut lui dérober encore le secret de cette science du bon

---

(1) Garat, dans ses mémoires, tome 1er, page 101, nomme à tort l'académie de Toulouse.

ton et des manières à la fois polies et aisées qui a fait passer en proverbe chez les nations étrangères la grâce et l'urbanité française.

Suard se mit successivement en rapport avec tous les personnages les plus célèbres et les plus influents de son temps, depuis Fontenelle, ce dernier représentant du grand siècle de Louis XIV, qui assistait au triomphe d'une philosophie et d'une littérature nouvelle, jusqu'à Voltaire, la personnification la plus complète de son pays et de son époque. Autour d'eux s'agitaient les maçons de la moderne Babel, qui, poursuivant l'œuvre de Luther et de Calvin, inauguraient dans le monde politique le principe de la souveraineté individuelle invoqué par les réformateurs du seizième siècle pour le monde religieux, et tendaient de concert à faire refluer au bas de la société la faculté d'initiative qui résidait en haut. Grâce à cette ligue imposante par l'accord comme par le nombre, la littérature devenait une puissance qui obligeait tous les pouvoirs de se courber devant elle. Ce qui pourrait sembler un paradoxe, et ce qui n'en est pas moins incontestable, c'est que cette puissance s'exerçait surtout au moyen des conversations journalières établies chez de riches financiers ou des femmes spirituelles, dont les noms vivront aussi longtemps que ceux des fameux écrivains qu'ils recevaient dans leurs salons. Rien en effet de plus essentiellement français que l'art de la conversation, cet art de se plaire et de s'instruire mutuellement dans des entretiens familiers et dans des réunions embellies par la présence de femmes qui font admirer les richesses de leur esprit aussi-bien que leurs attraits. Il n'est pas de symptôme plus décisif des progrès d'une civilisation, et dans tout pays où l'on rencontre de ces sortes d'assemblées, on peut affirmer qu'elle y est parvenue à l'un de ses plus hauts périodes. Aussi la Grèce ne nous en offre des exemples que dans le siècle de gloire et de splendeur de Périclès, où la belle Aspasie, s'entourant des graves politiques et des philosophes contemplatifs, enseignait au maître de Platon lui-même à tempérer par les grâces l'austérité de la philosophie. Nous lisons dans Cicéron que les femmes romaines les plus distinguées par leur esprit réunissaient près d'elles plusieurs orateurs célèbres, qui durent à leur fréquentation une politesse de langage et une délicatesse de goût qui n'étaient peut-être pas dans les mœurs républicaines des Romains. Dans la France du moyen-âge, c'est-à-dire du 12° au 14° siècle, lorsque l'esprit chevaleresque eut donné naissance aux cours d'amour, tribunaux dont le pouvoir, pour n'exercer qu'une autorité d'opinion, n'en était pas moins respecté, l'on vit régner dans les relations sociales une politesse et une courtoisie si pleine de grâces et de noblesse, qu'aujourd'hui même on ne saurait mieux louer les manières d'un guerrier ou d'un homme du monde qu'en lui reconnaissant des formes chevaleresques. Au commencement du 17° siècle, nous retrouvons l'art de la conversation dans tout son éclat, à l'hôtel de Rambouillet. Nous n'ignorons pas qu'à ce nom s'attache une sorte de ridicule, d'autant plus fatal que nous ne pouvons le prononcer sans y associer dans notre souvenir les *Précieuses ridicules* de Molière, et les éternels romans de Mlle de Scudéry. Heureusement notre siècle est celui des réhabilitations, et nous avons vu se relever dans l'estime des hommes bien des usages et bien des institutions du passé que l'on aurait pu croire condamnées à jamais. Quel était le but de l'hôtel de Rambouillet? d'opposer au monde immoral de la cour une société où la pudeur fût imposée, comme condition d'admission, à tous les personnages distingués par leur rang ou par leurs talents, qui tiendraient à honneur d'en faire partie ; et, comme la corruption du style dérive de celle des mœurs, de devenir un lieu de refuge et de protection pour la langue dénaturée dans le jargon des efféminés de la cour. C'est là, en effet, que la langue, formée et travaillée principalement par Malherbe, reçut en s'assouplissant cette finesse et ce poli qui lui manquaient encore, et s'enrichit d'une foule de locutions heureuses qu'elle a depuis conservées. Comme l'abus est toujours près de l'usage des choses les plus excellentes, la pureté des mœurs et du langage dégénéra en afféterie ; de là ces ridicules que Molière a immortalisés. Molière a bien livré aux risées du parterre la médecine, qui n'en est pas plus coupable des torts de charlatans sans savoir et sans génie. Restituons à l'hôtel de Rambouillet la justice qui lui est due, et ne le confondons pas avec les imitateurs maladroits qui ne retenaient de sa société, aussi spirituelle qu'élégante, que des locutions et des formes contrefaites par l'ignorance et le pédantisme. Un mot complétera son apologie : c'est dans les salons de l'hôtel de Rambouillet que Bossuet, âgé de seize ans, prononça son premier sermon. — Vient le grand règne de Louis XIV. Ce fut, certes, une belle époque, celle qui réunissait sous les mêmes lambris, Molière et madame de Sévigné, Despréaux et madame de Maintenon, Racine et Ninon de Lenclos, Ninon qui pressentit et encouragea Voltaire ; La Fontaine et la duchesse de Bouillon, le duc de La Rochefoucauld et madame de La Fayette, et tant d'autres grandeurs qui ne se comptent pas. Toutefois l'instruction et les nobles manières affectées à peu près exclusivement aux sommités sociales faisaient alors de l'art de la conversation presque un privilége. Voici venir le 18e siècle, et ce monopole disparaît avant tous les autres, et la conversation tend incessamment à devenir plus générale comme à se perfectionner. Alors la littérature pénètre chaque jour plus profondément dans les mœurs de la nation; alors se multiplient et s'étendent les réunions où les auteurs et les hommes du monde s'efforcent de se procurer à eux-mêmes et à autrui les jouissances de l'esprit et de l'intelligence, et où la société, en se soumettant à l'empire des lettres, réagit à son tour sur elles avec encore plus de puissance, et indique aux écrivains la route qu'ils doivent suivre s'ils veulent se faire écouter d'elle. Là, tout convié, captivé par le charme de cette bienveillance universelle qui met en harmonie des caractères souvent opposés, et ménage entre les opinions les plus divergentes des transitions habiles qui semblent les ramener à l'unité, se garde de ce qui peut froisser ou blesser les susceptibilités d'autrui, afin de n'être pas humilié lui-même; là chacun apporte ses moyens de plaire, et met en jeu les ressources de son cœur ou de son imagination, pour répandre plus de grâce et de douceur sur ces réunions, et en faire souhaiter le prompt retour dans ses salons ou dans ceux de ses amis. Que de richesses jetées dans les causeries fugitives du monde par un grand nombre de talents supérieurs, qui dépensaient ainsi des facultés et des trésors qui eussent suffi à composer des ouvrages solides et volumineux! Que d'égards et de prévenances de la part des grandeurs sociales qui sentaient à merveille qu'elles pouvaient, sans se nuire et sans déroger, donner place à d'autres grandeurs! Aussi les voyait-on se rapprocher et se confondre toutes, et les salons des plus magnifiques hôtels ne suffisaient plus à contenir la foule des écrivains. On y pouvait entendre dans la même soirée l'abbé Galiani, argumentant pour et contre l'existence de Dieu; Helvétius récoltant de tous côtés des matériaux pour son livre de l'*Esprit*; l'abbé Delille, qui égalait s'il ne surpassait Suard dans l'art de conter; d'Alembert, ce profond géomètre, qui, selon Marmontel (1), était, de toute la société de Mme Geoffrin, l'homme le plus gai et le plus animé; Diderot, prédicateur enthousiaste de l'athéisme, qui semait sans cesse dans les salons et dans les boudoirs ses apophthegmes contre la propriété; Jean-Jacques Rousseau, l'apôtre du déisme, qui ne brillait guère dans le dialogue: car il lui fallait cinq minutes de délai pour répondre à son interlocuteur; et enfin toute la suite des encyclopédistes. Bientôt la conversation ne se bornera plus à servir de lien de rapprochement entre les grands seigneurs et les écrivains. Elle descendra jusqu'aux rangs infimes de la société: son salon sera le jardin du Palais-Royal, et elle fera arborer aux chapeaux les feuilles des tilleuls de ce jardin, et armera toutes les mains de piques et de poignards. Détrônée de ce jour, elle s'évanouira devant le journal politique, et une révolution immense sera accomplie.... Mais n'anticipons point sur les événements. Des femmes dirigeaient ou du moins secondaient activement l'œuvre de démolition que le dix-huitième siècle avait acceptée pour sa tâche: c'était madame Geoffrin, cette tutrice obligée des jeunes talents qui demandaient à se produire, et dont le salon avait acquis un éclat qui se répandait dans toute l'Europe;

(1) Voyez ses *Mémoires*, livre VI, édition de 1819, tome 1er, pag. 177.

madame du Deffant qui, toujours ennuyée malgré sa beauté, parvient dans ses lettres, malgré son esprit, à communiquer ce mal contagieux à ses lecteurs, et dont la jolie bouche avait des impiétés à faire sourire Voltaire ; Mlle de Lespinasse, qui se vengeait par l'esprit et par les sentiments des rigueurs de la fortune ; madame d'Épinay, qui réussit, peu de temps il est vrai, à se faire la bienfaitrice de Jean-Jacques Rousseau ; madame de Tencin, qui, d'abord séquestrée dans un couvent, prit le chemin le plus sûr pour en sortir, en y mettant le feu, et dont l'ambition surpassait l'esprit, qui pourtant était d'une inépuisable fécondité ; madame de Marchai, cette ravissante Pomone (1) pour qui les profondeurs de la science économique de Quesnay n'avaient aucun secret. Voilà quelles étaient les femmes qui présidaient les réunions où des hommes de lettres, des philosophes, des savants venaient conspirer contre le passé, les uns avec une légèreté frivole et gaie, les autres avec toute la malignité de la haine et toutes les fureurs du fanatisme, quelques-uns avec bonne foi. Suard se mêlait dans leurs cercles, et brillait au premier rang dans ces conversations, où les matières les plus importantes et les plus abstruses étaient fréquemment passées en revue. Ce qu'on aurait de la peine à croire, si toute la suite de sa vie n'était là pour le prouver, c'est qu'au milieu de tant d'esprits conjurés contre le pouvoir religieux et le pouvoir monarchique, tel du moins qu'il existait alors, Suard témoigna toujours hautement le respect le plus sincère pour l'autorité monarchique et religieuse. Il écoutait volontiers les raisons de ses adversaires en religion comme en politique,

---

(1) Surnom donné à madame de Marchai, par la marquise du Deffant.

puis s'attachait à les réfuter avec calme et sans jamais quitter le ton d'une discussion polie ; s'il n'eut pas souvent l'avantage de convertir les opinions contraires, jamais ses propres convictions ne souffrirent la moindre atteinte. On peut même ajouter que la diffusion de tant d'erreurs qu'il attribuait au défaut d'ordre et de réflexion dans le savoir étendu, mais complexe et superficiel, de ceux qui s'en faisaient les hérauts, ne contribua pas peu à lui faire contracter cette grave circonspection qui ne se décide sur toutes choses qu'après un lent et mûr examen. Suard avait, sur la nécessité de régler sévèrement l'emploi de nos facultés, particulièrement de celles qui tiennent à l'imagination, les mêmes idées que Montaigne : « Il me semble de mesme,
» contre la forme ordinaire, qu'en l'usage de nostre esprit,
» nous avons, pour la pluspart, plus besoing de plomb que
» d'ailes, de froideur et de repos que d'ardeur et d'agita-
» tion (1). » Loin de blesser par des prétentions égoïstes l'amour-propre d'autrui, il s'était imposé la loi de faire, dans les disputes auxquelles donnaient lieu les débats continuels sur des questions si diverses et parfois très-irritantes, toutes les concessions que la conscience ne désavouerait point. Aussi les nombreuses sympathies dont il se vit l'objet jamais ne lui faillirent un seul moment, et elles le récompensèrent avec usure du mépris qu'il faisait de ces triomphes de salon qui ne satisfont que la sottise et la vanité. « Parmi les hommes de lettres que le goût dans les écrits
» conduit assez naturellement au tact dans le monde, » dit Garat, que nous ferons parler ici parce qu'il connut intimement Suard, et parce que nous ne saurions mieux

(1) *Essais de Montaigne*, livre III, chap. III.

dire, « aucun, peut-être, n'a saisi et n'a gardé dans une si
» grande perfection que M. Suard toutes ces convenances
» de la société, qu'il est si difficile et de saisir toutes, et de
» toujours garder, parmi tant de différences de rang, de
» fortune, d'âge, de caractère. Une bienveillance très-
» naturelle pour tous les hommes au-dessus et au-dessous
» de soi ; des connaissances très-variées et très-familières
» sur le monde, sur les ouvrages de la main et les beaux-
» arts, sur les productions du goût et sur les découvertes
» des sciences ; le don d'en parler avec le sentiment de ceux
» qui en jugent et qui en jouissent le mieux ; un langage
» dont l'élégance se faisait toujours sentir sans se montrer
» jamais, qui faisait plus remarquer les choses que la
» manière de les dire ; ce furent là probablement les secrets
» des succès de M. Suard dans la société, succès si prompts
» et si prolongés ; c'est là, du moins, une peinture très-
» fidèle des dispositions de cœur et des qualités d'esprit
» qu'il y portait habituellement. »

Avant le dix-huitième siècle, il s'était fait très-peu de communications littéraires de nation à nation. On ne connaissait guère le Tasse en France que par les vers injustes de Boileau ; Milton et Shakespeare auraient passé chez nous pour barbares. Les conversations auxquelles Suard assistait tous les jours, en lui démontrant les résultats féconds produits par un échange continuel de lumières, lui suggérèrent l'idée d'appliquer cet échange aux littératures nationales. Il entreprit donc avec l'abbé Arnaud la rédaction du *Journal étranger*, puis de la *Gazette littéraire*. Ces feuilles avaient pour objet d'emprunter aux principales littératures de l'Europe ce qu'elles offraient de plus intéressant et de plus utile. D'éloquents auteurs concoururent à cette publication, dans laquelle figurent les noms de Diderot, de Saint-Lambert, de J.-J. Rousseau. Elle plaça les deux rédacteurs au rang des bons écrivains, et leur acquit des droits incontestables à la reconnaissance des gens de lettres. Des talents étrangers, que tout leur mérite n'aurait pu tirer des ténèbres où ils étaient ensevelis pour nous, devinrent populaires, grâce à leurs traducteurs. Suard, l'un des premiers, nous a fait connaître les poésies erses, dont la valeur, sans doute exagérée dans les premiers temps, s'est pourtant maintenue en grande partie. Young et Gray, d'autres encore, lui ont dû les premiers fondements de leur réputation en France. Les meilleurs articles des deux journaux ont été plus tard réunis dans la collection des *Variétés littéraires* (1) qui forment, avec les *Mélanges de littérature* (2), le recueil le plus complet des écrits de Suard. Quelques-uns de ces articles peuvent paraître manquer de toute la profondeur désirable. Mais si l'on se rappelle l'époque à laquelle ils ont été publiés, si l'on réfléchit en outre que c'est souvent à cette impulsion primitive que l'on doit les progrès qui ont été obtenus depuis, et qui font que ces écrits paraissent quelquefois incomplets, on aura la mesure du service que Suard et ses collaborateurs rendaient à notre littérature.

Ces premières publications avaient encore accru la réputation dont Suard jouissait dans la république des lettres. Par cela même que ses compositions avaient peu d'étendue, il y donnait un soin et une attention extrême, qu'il serait difficile de soutenir au même degré dans un ouvrage de

(1) Paris, de l'imprimerie de Xhrouet, 4 vol. in-8, 1804. Elles avaient paru pour la première fois en 1768.
(2) Paris, chez Dentu, 2e édition, 5 vol. in-8, 1806.

longue haleine. Aussi étaient-elles très-recherchées et citées comme des morceaux achevés. Laissant de côté ce que la critique pouvait avoir d'acrimonieux et de personnel, il la maintint dans les bornes d'une décence qui, pour être sévère, souvent n'en était pas moins piquante, et qui lui mérita l'estime et le respect de ceux-là mêmes à qui il ne pouvait accorder des éloges sans restrictions. On pourrait dire de lui ce que lui-même écrivait de son ami de toute sa vie, l'abbé Arnaud, que, préférant le bonheur séduisant de plaire tous les jours à un monde choisi, à la gloire de vivre avec estime dans la postérité, il aima mieux laisser entrevoir qu'il aurait été un des écrivains les plus distingués de son siècle, que de l'être en effet, et que sa réputation brillante, il la devait moins à ce qu'il produisit, qu'à l'opinion qu'il donna de ce qu'il pouvait produire.

Ce fut à cette époque que Buffon lui ménagea l'amitié du célèbre imprimeur Panckoucke, non moins connu par son désintéressement et par les services qu'il rendait aux gens de lettres, que par l'importance de ses entreprises bibliographiques. Suard épousa l'une de ses sœurs, dont les grâces charmantes s'embellissaient encore de tous les dons de l'esprit. L'un et l'autre étaient également dignes de cette union, et elle fut pour eux la source d'une félicité durable, dont ils parlaient avec attendrissement dans les dernières années de leur vieillesse. Les qualités et les talents de madame Suard lui assuraient dans la société une place très-distinguée; mais comme leurs moyens de représentation n'étaient point en harmonie avec les richesses de leur esprit et de leur cœur, les deux époux convinrent que Suard se rendrait seul aux invitations du grand monde, et que la femme se renfermerait dans sa condition et dans son ménage ; ils devaient passer ensemble toutes leurs soirées, depuis l'heure où les spectacles finissaient alors, seuls ou avec quelques amis d'élite. Cet engagement fut fidèlement tenu, et leur procura un bonheur nouveau, d'autant mieux senti qu'il était moins contraint.

Les étrangers célèbres ou puissants de toute nation, qui se rendaient en foule à Paris, où ils étaient attirés par l'éclat de notre littérature, ne pouvaient manquer de visiter un homme aussi considéré que l'était Suard, et son nom en acquit une nouvelle importance. Il se lia avec plusieurs d'entre eux, notamment avec David Hume et Horace Walpole, qu'il voulut aller visiter à leur tour dans leur pays. Robertson, dont la réputation était devenue européenne, grâce à son excellente *Histoire d'Ecosse*, se disposait alors à publier l'*Histoire de Charles-Quint*, et il l'invita de son propre mouvement à traduire en français son nouvel ouvrage. Bien que l'on puisse trouver dans la traduction quelques-unes de ces imperfections presque inévitables lorsqu'il s'agit de transporter dans une langue les idées, les tours, les finesses d'un autre idiome, elle n'en est pas moins digne, sous tous les rapports, de l'original. Aussi fut-elle accueillie avec la plus haute estime, et jugée comme l'œuvre d'un écrivain élégant et consommé.

L'Académie française poursuivait alors la rédaction de son Dictionnaire. Ce n'était plus le temps où la lexicographie se réduisait presque tout entière à des compilations plus ou moins chargées d'érudition, mais dénuées de méthode et de critique. L'analyse des langues, quoiqu'elle fût encore bien incomplète, avait pourtant fait des progrès dont il importait de tenir compte. Lorsque l'on réfléchit aux difficultés sans nombre dont une pareille entreprise est hérissée, on est presque effrayé de l'étendue de savoir, de la variété de connaissances, de la sagacité de jugement, de la sûreté de goût que ce labeur exige. Or toutes ces qualités, Suard les possédait. Profondément versé dans tous les secrets du style, il s'était approprié les trésors de plusieurs langues modernes, et la comparaison habituelle qu'il en avait faite avec la nôtre lui avait découvert dans celle-ci de nouvelles richesses. Il était donc plus propre que tout autre à partager les travaux du corps savant dans lequel il devait entrer. Aussi, dès l'année 1772, l'Académie française saisit-elle l'occasion de se l'agréger, en même temps que Delille. Mais un ministre tout-puissant (1) dont ce double choix contrariait les vues, obtint de Louis XV un refus de ratification. L'autorité, alarmée du progrès des idées philosophiques qui, dans leur marche irrésistible, sapaient toutes les autorités, affectait quelques velléités d'énergie, et menaçait de ses ressentiments quiconque travaillerait à les propager. Le ministre ne crut pouvoir mieux déterminer le rejet des deux élus, qu'en les accusant faussement auprès du monarque d'avoir coopéré à l'*Encyclopédie*. Ce ne fut que deux années après, que Suard put entrer sans obstacle dans le sanctuaire des lettres.

Son discours de réception fut à la fois remarquable et par le choix du sujet et par le ton soutenu de sagesse et de modération avec lequel il est traité. L'auteur se proposait de justifier la philosophie de son siècle de divers reproches qui lui avaient été adressés. Un savant lauréat, entre autres, avait exprimé, il y avait plusieurs années, dans un admirable discours, la crainte de voir éteindre le feu sacré du

---

(1) Le duc de Richelieu.

génie par l'excès de l'esprit philosophique. Il semblait appréhender que cet esprit, observateur éternel, accoutumé à se repaître de vérités, mais de vérités sans corps, faites uniquement pour la raison, n'étouffât l'inspiration et l'enthousiasme dans les beaux-arts. Aux notions abstraites et générales il demandait que l'on substituât quelquefois des images et des sentiments ; l'éloquence elle-même, il la peignait, avec un talent merveilleux, dégénérant à mesure que la philosophie s'avançait à la perfection ; il déplorait avec amertume cette raison géométrique, qui dessèche, qui brûle, pour ainsi dire, tout ce qu'elle ose toucher. Il allait plus loin encore, et opposant l'esprit philosophique au bel esprit, il affirmait que, si celui-ci avait corrompu l'éloquence, l'autre lui arrachait le principe même de sa force et de sa beauté. En conséquence, il lui défendait de sortir de la sphère des sciences, comme du seul domaine qui lui fût irrévocablement dévolu.

Suard crut voir dans cette œuvre brillante une attaque indirecte, non-seulement contre les philosophes, mais encore contre les gens de lettres dont un si grand nombre étaient ses amis. Il entrait dans son caractère de bienveillance et de conciliation de tenter un rapprochement entre les partisans de l'émancipation complète de la pensée, et ceux qui voulaient demeurer invariablement attachés au joug de la foi, ou du moins de leur rendre plus facile à tous la pratique d'une tolérance mutuelle.

Après avoir présenté quelques considérations générales sur les imputations graves dont on charge les lettres, il montre aux premiers rangs de l'église, de la noblesse, de la magistrature, les hommes les plus distingués par l'esprit, les mœurs et le caractère, s'honorant d'en être

les amis et les défenseurs, et souvent les cultivant eux-mêmes avec gloire. Loin d'accélérer la décadence des arts et du goût, la philosophie seule peut la prévenir. « L'esprit
» philosophique appliqué aux arts, disait-il, ne consiste
» pas, comme on l'a cru ou feint de le croire, à soumettre
» leurs productions aux lois d'une précision rigoureuse ou
» d'une vérité absolue ; mais seulement à remonter aux
» vrais principes des arts, à chercher dans l'examen de leurs
» procédés et dans la connaissance de l'homme, la raison
» de leurs effets, et les moyens d'étendre ou d'augmenter
» leur énergie. »

Quant à la poésie, la philosophie, loin de lui nuire, l'a rajeunie et renouvelée. Il ne suffit plus d'accoupler des rimes exactes et de revêtir quelques idées triviales de ces images parasites de l'ancienne mythologie, devenues insipides par un emploi trop répété. Il faut satisfaire l'esprit aussi-bien que l'oreille, et ne s'adresser à l'imagination que pour arriver plus sûrement à l'âme. Le mérite des grands écrivains du grand siècle n'est-il pas aujourd'hui mieux goûté et plus sincèrement admiré que jamais ?

Suard repousse avec la même force le reproche fait à la philosophie de favoriser l'incrédulité ; il essaie d'infirmer cette accusation en rappelant que plusieurs grands hommes, doués d'une piété profonde, Descartes, Pascal, Malebranche, furent en butte à la même accusation. On vient de faire une brochure, ajoute-t-il, pour prouver que Montaigne était très-religieux. Pourquoi n'a-t-on pas pour les grands hommes vivants la même charité qu'on a pour les morts ?

Passant ensuite aux idées de l'ordre politique, il s'élève contre les intentions que l'on prête aux philosophes de

menacer l'existence des gouvernements. « Sans doute, ils
» aiment la liberté.... mais ils savent distinguer la liberté
» civile, qui consiste à n'obéir qu'aux lois, d'avec la liberté
» politique, qui appelle chaque citoyen à la formation des
» lois : ils savent que la liberté civile est la seule qui con-
» tribue au bonheur des hommes, et qu'elle peut se trouver
» dans une monarchie comme dans une république; ils
» savent que la liberté politique, qui n'est qu'un moyen
» de s'assurer la première, fut dans les républiques an-
» ciennes une source continuelle de dissensions, de guerres,
» de massacres, de révolutions et de malheurs ; ils savent
» que la paix et la stabilité sont le premier objet de tout
» gouvernement... Des hommes accoutumés à cultiver leur
» raison dans la solitude, à réfléchir en paix sur les causes
» des événements, à en prévoir les conséquences, ne trou-
» bleront jamais le monde, même pour le rendre plus
» heureux.... » En lisant ce passage, n'est-on pas porté à
croire que le récipiendaire attribue aux philosophes en
général une modération qui ne fut le partage que d'un
petit nombre d'entre eux ? Suard avait trop de rectitude
dans l'esprit pour s'y tromper, et nous pensons qu'en
s'énonçant ainsi, il exprimait plutôt un conseil ou un vœu,
que son opinion sur les dispositions véritables dont les
Diderot et les d'Holbach étaient animés. Au reste, en faisant
la part de la philosophie si belle dans les progrès de la
civilisation, qui seraient à peu près tous à revendiquer
par le christianisme, Suard parlait de bonne foi. Témoin
chaque jour des traits de vertus et de bienfaisance de ceux
de ses amis qui avaient le malheur d'être en guerre ouverte
avec la divinité, il s'était, pour ainsi dire, habitué à
séparer leurs personnes des doctrines désolantes prêchées

par eux, et surtout des dangereuses conséquences qu'elles renfermaient. Leurs auteurs eux-mêmes ne les regardaient-ils pas comme d'inoffensives spéculations, plus propres à exercer l'activité de leur esprit et à satisfaire la curiosité des gens éclairés, qu'à corrompre les peuples et dessécher les sources de la vie morale ? Plusieurs faits permettent de le penser. Quoi qu'il en soit, ce discours obtint le suffrage de Voltaire, qui parut surtout flatté d'un portrait brillant et ingénieux dans lequel il s'était reconnu, et qui s'empressa d'en témoigner dans une lettre sa satisfaction à l'auteur.

Nous ne devons pas omettre de parler de la grande querelle qui s'éleva entre David Hume et J.-J. Rousseau, et dans laquelle Suard intervint, pour essayer entre les deux illustres champions une réconciliation impossible. Hume, cet écrivain écossais, non moins avide de persécution que de renommée, avait écouté, en conservant un flegme philosophique, où se mêlait quelque raffinement de vanité, les murmures que ses ouvrages, et particulièrement sa grande *Histoire d'Angleterre* excita chez tous les partis. C'était le temps où l'auteur d'*Émile*, déjà décrété en France par le parlement, ne pouvait trouver dans sa propre patrie un lieu pour reposer sa tête. Las de se voir en butte aux ressentiments des hommes, il avait sollicité dans ses livres, avec le cri du désespoir, la faveur d'une prison perpétuelle. Enfin Hume, joignant ses instances à celles de plusieurs philosophes français, le décide à passer en Angleterre, où l'attendent un sort paisible et la protection du gouvernement. Dans cette contrée, Rousseau crut enfin un moment qu'il allait s'emparer de ce bonheur et de cette tranquillité qui l'avaient fui jusqu'alors. Hélas !

son humeur ombrageuse, son excessive inquiétude, peut-être aussi ses prédispositions organiques ne laissaient nulle chance de succès aux efforts que l'on faisait pour lui procurer le repos. Six mois après l'arrivée des deux nouveaux amis en Angleterre, ils laissèrent éclater à l'égard l'un de l'autre tous les emportements d'une haine qui se traduisait dans les termes les plus exagérés. Cette querelle produisit en France une rumeur extrême, et le public se partagea, suivant ses préventions ou ses sympathies, entre les deux écrivains. Hume avait, cette fois, senti s'allumer dans son âme une ardente colère; car ce n'était plus son talent et son génie que l'on attaquait, c'était son caractère et sa vertu : on lui jetait à la face le reproche d'avoir trahi la confiance d'un ami. Aussi prit-il soin de publier un exposé succinct de ses démêlés avec Rousseau, qui fut traduit et commenté par d'Alembert et par Suard. Ils crurent trouver dans le prodigieux contraste que formaient les caractères des deux philosophes, la raison de leur rupture. Cette production, avidement recherchée dans la capitale et dans les provinces, fit sans doute beaucoup d'honneur à la modération et à l'impartialité de ses auteurs : en fit-elle autant à la philosophie?

Bientôt se présenta pour Suard une occasion nouvelle de faire briller toutes les qualités de son esprit. Gluck et Piccinni, également célèbres dans la composition musicale, paraissaient à la tête de deux écoles opposées, et la guerre qu'ils s'étaient déclarée avait eu assez de retentissement pour engager dans chacun des deux partis une foule d'hommes éminents dans la littérature et dans les sciences. Gluck voulait prouver, contre la sentence rigoureuse de Rousseau, que l'on pouvait créer une musique française.

Ce triomphe était réservé à son génie, et, chose étrange ! bien que la prétention qu'il manifestait dût flatter l'orgueil national, il lui fallut acheter son succès au prix de bien des contradictions et de bien des dégoûts. Chacun de ces grands maîtres de l'harmonie aurait pu se faire une assez belle part de gloire sans nuire à celle de son adversaire. Mais le caractère du préjugé ou de l'esprit de système a toujours été d'être exclusif, et de regarder comme une usurpation tout culte rendu à un autre dieu que celui qu'il a mis sur son autel. Cette observation toutefois s'applique, non pas aux deux chefs que leur génie élevait sans doute au-dessus de ces rivalités misérables, mais aux écrivains qui se couvraient de leur nom, et se livraient, au sujet de la suprématie de l'une des deux écoles, à des querelles déshonorantes par la violence et par l'aigreur qui les envenimaient.

Il faut le dire : la prévention était si générale et si forte en faveur de la musique italienne, que Gluck se vit d'abord à peu près seul contre tous. Heureusement il eut assez d'énergie et assez de confiance dans son beau talent pour tenir tête à l'orage. Parmi les gens de lettres qui avaient passé dans le camp ennemi, on remarquait La Harpe et Marmontel. Ce dernier publia une brochure qui se distinguait par un mérite littéraire très-réel, et principalement par un style pur, harmonieux et très-attachant, bien qu'il y manquât, ce qui devait pourtant dominer dans un écrit polémique de ce genre, le sentiment de la musique. Gluck se tut encore. Mais La Harpe voulut à son tour rompre une lance, et descendit dans la lice avec d'autant plus d'intrépidité, que, depuis long-temps accoutumé à manier avec succès l'arme de la critique, il ne voyait dans cette provocation que l'occasion assurée d'un nouveau triomphe.

Indigné de l'outrecuidance de son antagoniste, Gluck écrivit à Suard pour le prier de prendre sa défense. Suard consentit à relever le gant qui venait d'être jeté, et l'*anonyme de Vaugirard* répondit à La Harpe avec une dextérité et une vigueur qui déconcertèrent l'imprudent agresseur et le mirent bientôt hors de combat.

Cet écrit de Suard, que nous voudrions pouvoir citer tout entier, nous paraît être son véritable chef-d'œuvre. Ce que la dialectique a de plus vif et de plus serré, l'ironie de plus incisif et de plus mordant, y est rassemblé en un petit nombre de pages. L'auteur représente d'abord au musicien offensé que, si les applaudissements de ses innombrables admirateurs sont mêlés de quelques critiques, il subit le sort commun de tous les génies les plus sublimes. Substituer à la musique de théâtre des Italiens une musique dramatique, liée intimement dans toutes ses parties, faire révoquer par Rousseau lui-même l'arrêt que ce philosophe avait porté contre la musique française, faire de notre Opéra le premier théâtre lyrique de l'Europe, certes, c'étaient là de grandes choses à exécuter, et s'il y a lieu de s'étonner, c'est que cette importante révolution dans l'art n'ait pas rencontré plus de résistances.

Les gens de lettres et les musiciens italiens sont unanimes pour se plaindre de l'état de dégradation où est tombé l'art musical dans leur contrée. Il est assez singulier, il en faut convenir, que ce soient des Français, qui n'ont jamais vu un opéra italien et qui ne savent pas un mot de l'art, qui prétendent se charger de cette apologie. L'auteur fait quelques réflexions sur les causes de la prédilection que montrent nos gens de lettres pour la musique italienne, et sur les circonstances qui ont contribué à l'entretenir, et, comme s'il craignait de froisser trop d'amours-propres et de négliger un seul moment ces formes d'obséquieuse politesse, cette minutieuse observation des convenances que rien au monde n'eût pu lui faire oublier, il ajoute :

« Je serais flatté de partager en tout leurs sentiments et
» leurs opinions ; mais je ne suis jamais étonné des plus
» grandes contrariétés de goût, même entre les hommes
» qui en ont le plus, surtout dans les parties des arts qui
» sont plus du domaine des sens et de l'imagination que de
» l'esprit et de la raison. Lorsque des hommes de ce mérite
» ont un avis, sans doute il est fondé sur une manière de
» voir ou de sentir qui leur est propre, et personne n'a le
» droit de leur en demander compte. Mais s'ils jugeaient
» à propos de le rendre public, ce devrait être avec tous
» les égards que des hommes supérieurs doivent à la vérité,
» à l'intérêt des arts, à eux-mêmes. »

C'est par cette habile transition que Suard est amené à parler de son adversaire. Avec quel art il se met lui-même en scène, et se représente comme obligé à accepter une lutte qu'il aurait voulu éviter ! Avec quel art non moins profond il démontre par mille exemples l'ignorance de son antagoniste, qui, ne possédant pas même la signification des termes les plus familiers de l'art musical, s'ingère de juger les œuvres du génie ! Paralogismes fréquents, erreurs et méprises continuelles, absurdités palpables et grossières, contradictions choquantes, avec quelle finesse malicieuse l'auteur accumule tout ce qui va confondre la suffisance du critique qui parle de ce qu'il n'entend pas ! Mais quelle adresse et quelle mesure dans toute cette repartie ! Le ridicule tombe à pleins seaux sur la victime, à qui le défenseur de Gluck a d'avance ôté le droit de se plaindre, et, loin de se sentir pour elle quelque compassion, on applaudit à une humiliation qu'elle a si bien méritée. Lorsqu'ensuite on arrive à ces reproches de dénigrement et de mauvaise foi, si nettement articulés sous une forme interrogatoire, et qui se suivent coup sur coup comme pour ne pas laisser respirer le coupable, on croit l'entendre crier grâce, et l'on serait tenté de l'implorer avec lui, si l'avocat du talent outragé ne se tournait aussitôt vers l'homme de génie pour lui adresser un magnifique hommage, bien propre à le consoler des insultes que l'envie ne cesse de lui prodiguer.

Cette guerre, dont tous les honneurs étaient restés à Suard, démontre avec la dernière évidence, surtout si l'on rapproche ce morceau de quelques autres de même nature échappés de sa plume, l'aptitude de son talent pour un genre qui aurait été dans ses mains une arme redoutable, s'il avait daigné s'en servir. Tel était l'éloignement de Suard pour tout ce qui ressemblait à des contentions, à des luttes d'amour-propre, que son succès même lui inspirait des remords. « Vous allez voir, pour des chansons, » s'écriait-il dans les mêmes lettres, les amis se refroidir, » les sociétés se diviser, les haines s'allumer. Le public y » gagnera peut-être, car les querelles l'amusent, et tout » ce qui porte son attention et excite sa curiosité sur un » objet, sert à l'éclairer ; mais les acteurs de ces querelles » y perdront la décence, la paix, et le fruit qu'ils auraient » pu retirer de leur union. » Bien que Suard eût constamment parlé avec estime, dans ses conversations et dans ses lettres datées de Vaugirard, de la brochure de Marmontel, celui-ci conserva de son éclatante défaite un ressentiment qu'il exhala dans un poëme satirique. La révolution qui survint bientôt opéra un rapprochement entre deux amis dont les opinions et les sympathies politiques étaient en parfaite harmonie, et qui n'auraient dû jamais être divisés. Marmontel brûla son poëme, encore manuscrit, et Suard se félicita de n'avoir pas mis son nom aux lettres de Vaugirard, circonstance qui, en attestant combien son amour-propre était peu flatté de la vogue extraordinaire qu'elles avaient eue, rendait le raccommodement plus facile. La Harpe lui-même eut le bon goût de ne pas persister longtemps dans sa rancune.

A la rédaction du *Journal étranger* et de la *Gazette littéraire* avait succédé, dans les travaux de Suard et de son inséparable ami l'abbé Arnaud, celle de la *Gazette de France*, et l'aisance des deux écrivains, habitants sous un même toit, s'accrut des revenus considérables attachés à la rédaction de cette feuille. Alors aussi la maison de Suard s'ouvrit à tout ce que Paris renfermait de gloires établies et naissantes dans la littérature et dans la politique. Cette prospérité ne fut que d'un moment. Elle dépendait de l'existence d'un ministère et disparut avec lui. M. de Choiseul fit place à M. d'Aiguillon, et Suard, après s'être vu retirer la rédaction de son journal, fut réduit, ainsi que son ami, à une pension très-modique. Les témoignages les moins équivoques des sympathies les plus vraies et les plus profondes, qui lui arrivèrent de toutes parts, durent le convaincre que le public ne partageait point les sentiments du ministre, et le soutinrent contre les rigueurs arbitraires dont il était la victime.

Ce concours même de l'élite de la société qui se formait autour de Suard, et la dignité qu'il montra dans son mal-

heur, attirèrent de nouveau sur lui l'attention du pouvoir, et il fut nommé, en 1774, censeur des théâtres. Dans ce poste si difficile, où tant d'amours-propres et d'intérêts se trouvent en jeu, Suard ne se départit jamais de sa modération et de son impartialité. Un auteur cependant, un seul, se plaignit de sa sévérité : hâtons-nous d'ajouter que c'était l'auteur du *Mariage de Figaro*. Un double motif avait dicté son jugement au censeur : l'intérêt du goût, et celui de la société, compromise par des attaques furibondes contre tous les pouvoirs existants. Le censeur ne put faire respecter son arrêt ; mais il ne craignit pas de le justifier dans un discours qu'il prononça, le 15 juin 1784, comme directeur de l'Académie française, en réponse au discours de réception de Montesquiou. Dans cette séance solennelle du premier corps littéraire de l'Europe, Suard fit valoir ses considérations littéraires, et il n'en pouvait guère présenter d'autres : « Le goût de la vraie comédie semble s'éloigner
« tous les jours davantage de ce théâtre, qui en offre ce-
» pendant tant de modèles. Molière composait ses comédies
» en observant le monde ; la plupart des poëtes modernes
» peignent le monde d'après les comédies ; ni les incidents,
» ni les mœurs, ni le langage de leurs pièces ne rappellent
» l'image de la société où l'on vit : on prend pour le bon
» ton un jargon maniéré, souvent inintelligible, qui n'a
» plus de modèle que dans quelques romans. D'autres pré-
» tendent imiter Molière, en nous offrant ces intrigues
» péniblement compliquées, qui furent les premiers essais
» du génie dans l'enfance de l'art, mais qui ne prouvent
» aujourd'hui que le défaut de génie. N'est-il pas permis
» de craindre que, par un abus toujours croissant, on ne
» voie un jour avilir le théâtre de la nation par des ta-

» bleaux de mœurs basses et corrompues, qui n'auraient
» pas même le mérite d'être vraies ; où le vice sans pudeur
» et la satire sans retenue, n'intéresseraient que par la li-
» cence, et dont le succès, dégradant l'art en blessant
» l'honnêteté publique, déroberait à notre théâtre la gloire
» d'être, pour toute l'Europe, l'école des bonnes mœurs
» comme du bon goût ? »

Mais si l'intérêt des vrais principes de la littérature avait déterminé Suard à censurer l'œuvre de Beaumarchais, il n'avait pas été moins ému des dangers qu'il en prévoyait devoir résulter pour l'ordre social. Plusieurs fois, dans les causeries des salons comme dans ses ouvrages, il osa témoigner les vives appréhensions que lui inspirait la tendance universelle des esprits, et il aurait voulu imprimer un nouveau cours aux idées. Il était trop tard. Le moment était venu où la révolution accomplie dans les livres, accomplie dans les idées, allait passer dans les faits, et se consommer dans les rues et sur les places publiques.

A l'époque de la convocation des états-généraux, Suard partageait, en y mêlant quelques craintes trop bien fondées, les espérances d'une foule d'esprits généreux, tels que les Lally-Tollendal, les Barbé-Marbois, les Montmorency. Toutefois les instances du ministre Necker, qu'il affectionnait pourtant beaucoup, ne purent obtenir de lui qu'il écrivît en faveur de la double représentation du tiers-état. Bientôt son cœur qui ne rêvait que le bien général, et qui n'aurait pas cru l'acheter trop cher par le sacrifice de la belle position sociale dont il jouissait, et de tous les avantages qui y étaient attachés, n'eut qu'à gémir sur les progrès rapides et journaliers de l'anarchie. Sincèrement dévoué d'ailleurs à la dynastie des anciens rois de France,

Suard s'affligeait de la précipitation et de la légèreté avec lesquels on s'empressait de détruire et d'anéantir les institutions consolidées par une longue suite de siècles, et qu'il aurait suffi de modifier et de perfectionner par degrés pour fonder une liberté sage et durable. Il était surtout frappé de l'anomalie qui existait entre les institutions nouvelles qu'on s'efforçait d'établir, et les coutumes antiques de la nation. « Il faut n'avoir, écrivait-il, aucune idée de
» la nature de l'homme et de son histoire, pour imaginer
» qu'on puisse greffer des plants exotiques de démocratie
» sur les racines profondes d'une vieille monarchie.... »
Les ministres Montmorin et Sainte-Croix l'admettaient dans leur plus intime confidence, et Suard, faisant cause commune avec eux, essaya de propager ses vues et ses idées dans le journal intitulé *les Indépendants*. Cette nouvelle phase de sa vie nous le montre combattant avec courage et fermeté, en faveur de l'ordre et de la liberté elle-même, sur la brèche de la vieille société qui s'écroulait. Car il importe de le remarquer : Suard aimait la liberté, et se serait dévoué pour elle. Mais pouvait-il compter, pour en être les soutiens, sur des hommes dont l'ignorance et l'impéritie n'étaient égalées que par leur présomption et leur audace. « Le premier objet de notre révolution, écrivait-il
» encore, avait été de substituer à un gouvernement vi-
» cieux un meilleur gouvernement ; mais ne fallait-il pas
» se demander d'abord : Qu'est-ce qu'un bon gouverne-
» ment ? (1) » Quels n'étaient pas ses regrets en voyant de toutes parts l'intrigue et l'esprit de faction faire tourner

---

(1) Dans l'article intitulé : *Qu'est-ce que le gouvernement ?* Voyez les *Variétés littéraires*, tome IV, page 436.

à la désorganisation de la société tout entière, une révolution qui s'était attribué une mission bien différente? « Je
» vois avec douleur, écrivait-il à Condorcet, profaner ce
» saint nom de liberté, par la plupart de ceux qui l'in-
» voquent. On cherche la liberté dans l'indépendance;
» elle n'est que dans la règle. Supprimez toutes ces gênes
» des lois, qui dirigent les mouvements de la liberté et en
» répriment les écarts, vous établirez la plus cruelle des
» tyrannies, la plus hideuse des servitudes (1). » — « De-
» puis un an, disait-il en 1790, on n'écrit, on ne parle
» que de politique; on a mis dans les écrits comme dans
» les discours beaucoup d'esprit, de subtilité, d'élo-
» quence même; mais le bon sens est ce qui s'y montre le
» plus rarement (2). » Ce qui paraît surtout le préoccuper,
c'est d'assurer des garanties au pouvoir contre les caprices
et les fureurs d'une multitude égarée. Aussi l'on vit Suard
défendre avec énergie le principe de l'inviolabilité royale,
tout en rejetant la fiction du droit divin, qui n'a jamais été
en effet qu'un préjugé de l'ignorance, ou qu'une artificieuse invention des ennemis de la royauté.

Un grand nombre des matières littéraires et politiques, que la crise sociale avait mises à l'ordre du jour, furent successivement traitées par lui. Tous ses articles formaient pour le ton et pour la couleur une étonnante disparate avec la foule des pamphlets dont la France était inondée. Employant tour à tour et avec le même succès les sarcasmes de la moquerie et le langage de la raison, tantôt Suard essayait de s'opposer aux abus de la presse, et à la manie

(1) *Mélanges de littérature*, tome IV, page 309.
(2) *Mél. de litt.*, tome IV, p. 302.

de l'innovation qui, dès cette époque, envahissait et dégradait la littérature (1). Ainsi que de nos jours, les succès dramatiques étaient trop souvent obtenus aux dépens de la vérité, et par des moyens tout-à-fait étrangers à l'art ; Suard signala cette tactique odieuse du charlatanisme et de la médiocrité, qui menaçait de perdre le théâtre en France. Nous connaissons plus d'un auteur dont les productions feraient penser que ces lignes ont été écrites d'hier : « Comme la licence et le caprice sont les marques
» les plus frappantes de la liberté, c'est surtout au théâtre
» que nous aimons à exercer la liberté de nos opinions ;
» et comme le goût est une règle, nous nous en affran-
» chissons souvent, afin de faire voir que, lorsque nous
» nous y conformons, c'est simplement parce que c'est
» notre bon plaisir (2). » Les lignes suivantes ne sont-elles pas encore aujourd'hui remarquables par un singulier à propos ? « Je conçois qu'un poëte dramatique qui aura
» des prétentions fortes avec des moyens faibles, et qui,
» ne pouvant aspirer à la gloire, voudra du moins faire
» du bruit, doit désirer ardemment la liberté de mettre
» au théâtre des événements ou des tableaux qui, dans les
» temps de trouble et d'effervescence populaire, sont
» propres à flatter ou à exalter les passions du peuple :
» au lieu de choisir dans notre histoire les traits qui ho-
» norent le nom et le caractère national, il se plaira à re-
» produire ceux qu'un bon citoyen voudrait effacer de
» nos annales. Il est, en effet, infiniment plus aisé d'émou-
» voir la multitude que de satisfaire les gens de goût, et

(1) Voyez les écrits intitulés : *Des applaudissements au théâtre* (1785); *de la censure des théâtres* (1789) ; *de la Presse* (1790).
(2) *Mélanges de littérature*, tome IV, page 337.

» d'obtenir les applaudissements de la place de Grève,
» que les suffrages de la postérité. On me répondra peut-
» être, et j'en ai peur, que ce goût dont je parle est une
» manière de *privilége* ; que le talent est un vrai *mono-*
» *pole*, et qu'il ne faut plus souffrir de privilége ni de
» monopole en aucun genre ; qu'il est temps d'exterminer
» aussi cette *aristocratie* de l'esprit et du savoir, qui en
» humiliant la médiocrité et l'ignorance, partage néces-
» saire du grand nombre, blesse essentiellement cette pré-
» cieuse égalité des droits qui doit niveler tous les rangs ;
» enfin que, ne pouvant élever la multitude jusqu'au
» sentiment des productions du goût et du génie, il ne
» reste donc qu'à faire descendre les écrivains au goût et
» aux idées de la multitude. Je sens toute la puissance de
» cette objection, et je demande six mois pour y ré-
» pondre (1). » On sent, en lisant cette saillie empreinte
d'une ironie amère, combien Suard souffrait à la vue du
triomphe des principes désorganisateurs qui dissolvaient à
la fois l'art et la société. Obligé, en sa qualité de censeur,
de lire une foule de productions dramatiques, il avait été
frappé de l'invariable monotonie de l'action et du dialogue
dans les tragédies. Tout se ressemble, disait-il ; avec un
peu d'habitude des vers, à peine on entend le premier,
on trouve le second avec sa rime. Tous les vieillards sont
des Narbas ; toutes les mères, autant qu'elles peuvent,
des Mérope ; et, depuis Rotrou, tous les amants qui ne
sont pas à la glace, des Ladislas. Suard désirait donc que
l'on relevât le théâtre de sa décadence flagrante ; mais
comment aurait-il goûté une théorie d'innovations où le laid

---

(1) *Mélanges de littérature*, tome IV, page 318.

prenait systématiquement la place du beau idéal, l'horrible celle du grand et du pathétique : le remède était à ses yeux pire que le mal. On comprend aussi combien le sentiment exquis du goût et des bienséances qui dominait en lui devait lui faire souhaiter que le gouvernement conservât du moins un droit de surveillance et de censure sur les pièces nouvelles, qui briguaient les honneurs de la représentation. Ce droit, loin de lui sembler contraire aux progrès de l'art, lui paraissait même une sauvegarde nécessaire pour le contenir dans certaines limites, au delà desquelles il aboutit à l'absurde. Il serait étrange, disait-il, que la liberté civile consistât dans le droit illimité de rassembler dans de vastes théâtres les citoyens d'une grande ville, pour y exposer à leurs yeux des scènes licencieuses ou atroces.

Tantôt abordant des sujets plus graves, parce qu'ils touchent plus immédiatement aux intérêts primordiaux de la société, Suard faisait preuve d'une sagesse profonde, soit qu'il s'élevât contre l'aveugle tendance de ses compatriotes à implanter sur le sol français, sans y rien modifier, les institutions anglaises, dont il était pourtant un sincère admirateur : mais, disait-il, l'étendue du pays, le caractère du peuple, d'anciennes habitudes, et surtout l'esprit de la constitution, mettent des différences trop essentielles dans les deux nations ; soit qu'il protestât, de toutes les forces de la logique et du sentiment, et en invoquant l'histoire, contre le décret révolutionnaire de hors de loi (1). Tantôt il entreprenait de combattre les idées philosophiques que Beccaria, Condorcet, et avant eux Thomas

(1) Voyez sur ces divers sujets, le tome V des *Mélanges de littérature*.

Morus avaient émises sur les lois pénales, et, tout en convenant que la rigueur de ces lois doit s'adoucir proportionnellement aux progrès de la civilisation, il demandait le maintien de la peine de mort. Nous sortons, disait-il, d'une législation où la jurisprudence était barbare et les peines atroces ; nous croyons ne pouvoir trop nous éloigner d'un ordre de choses si vicieux, et nous nous laissons emporter à l'extrémité opposée. Mais l'humanité a ses limites, et la justice, comme la vérité, ne se trouve guère dans les points extrêmes (1). Suard, en se proposant les deux questions soumises à l'assemblée nationale : *La peine de mort est-elle légitime? est-elle nécessaire?* n'hésitait pas à répondre affirmativement avec elle. S'il était vrai, comme on l'avait objecté, que l'homme ne pouvant aliéner sa vie et sa liberté, parce que ce sont deux propriétés qu'il tient de la nature, il ne peut donner à la société le droit de disposer de sa vie, il en faudrait conclure que la société ne peut non plus disposer de sa liberté. Ce principe une fois admis, il serait difficile de déterminer quelle espèce de peines la société aurait le droit d'infliger à ceux qui attentent à sa tranquillité et à sa sûreté. Quant à la nécessité du maintien de cette peine, elle s'explique malheureusement par l'état de société où nous nous trouvons, c'est-à-dire, par la dépravation de nos opinions et de nos habitudes sociales. Mais Suard regrettait que l'assemblée nationale se fût privée d'un moyen de graduer l'échelle des peines, en appliquant le même supplice indistinctement à tous les crimes jugés dignes de mort. Il aurait voulu que l'on établît

---

(1) Voyez les *Observations sur les lois pénales*, dans le tome III des *Mélanges de littérature*.

différents genres de mort, et dans chaque genre, des circonstances qui, en variant l'appareil et ajoutant différents degrés de honte, sans faire souffrir le coupable, auraient servi à déterminer une proportion entre les délits et les peines, qui satisferait également la justice et la raison. Il appuyait ses raisonnements de plusieurs faits décisifs, et son écrit mérite encore de fixer l'attention de nos législateurs, aujourd'hui que la nécessité du maintien de la peine capitale est remise en discussion (1).

Suard montra la même chaleur et le même zèle lorsqu'il crut la langue française mise en péril par les habitudes et les lois révolutionnaires. On sait que le tutoiement était devenu d'un usage général; Suard s'en affligeait. A supposer, écrivait-il, que ce soit ainsi que doit parler un républicain, ne faudrait-il pas en prendre les mœurs avant d'en adopter les formes, et n'y a-t-il rien de choquant à entendre le sybarite contrefaire le spartiate ? Selon lui, on n'avait pas été assez frappé des conséquences de cet usage qui n'avait pas plus ses raisons dans la logique que dans les mœurs, et il les redoutait surtout pour la morale. Il les suivait pas à pas dans les relations de la famille, dans celles de citoyen à citoyen, dans les rapports des deux sexes, et partout elles lui causaient de vives alarmes. « Ils n'ont
» pas vu, ces augustes novateurs, s'écriait-il, que l'antique
» usage qu'ils veulent supprimer s'unit à des vertus douces,
» à des sentiments précieux et aux gradations de l'ordre
» social (2). » Frappé des altérations continuelles que su-

(1) Voyez la controverse qui s'est engagée à ce sujet entre M. de Lamartine et M. Hello.

(2) *Fragments sur le style*, dans le tome III des *Mélanges de littérature*.

bissait la langue dans une ère où le dévergondage de la pensée ne pouvait être comparé qu'à celui des faits, il ne laissait passer aucune occasion d'exprimer ses craintes et d'adresser des conseils, contre toute espérance de les faire écouter, aux auteurs de ces violations. L'excellente dissertation sur *les gallicismes* (1), qui parut en 1795, semble n'avoir été écrite qu'en vue de l'avertissement qui le termine : « L'étonnante révolution qui, malgré toutes les ré-
» sistances, s'est opérée dans notre gouvernement et dans
» nos mœurs, et par une suite nécessaire dans notre langue,
» va ranger dans la catégorie du vieux langage beaucoup
» de nos gallicismes actuels, et en créera beaucoup de nou-
» veaux. Puissent-ils être tous dignes de cet esprit de
» liberté auquel on prétend qu'ils devront la naissance,
» et honorer également nos mœurs et notre goût ! » Suard savait fort bien que tout s'enchaîne ici-bas ; que le désordre des mots amène infailliblement le désordre des idées, et que les notions du devoir ne tardent pas ensuite à tomber dans la même confusion.

L'Académie française, dénoncée par la faction anarchique comme le foyer de l'aristocratie, allait être enveloppée dans la proscription de toutes les vieilles institutions nationales. Lorsque Suard vit un des propres membres de ce corps illustre, Chamfort, oubliant tous les sentiments de convenance et toutes les idées de morale commune, provoquer sa destruction en lui lançant le sarcasme et l'insulte, il ne put retenir sa colère. Il répondit à Chamfort par un écrit, qui, pour la vigueur du raisonnement et le mouvement du style, peut être mis à côté des lettres de l'anonyme de

(1) Dans le tome IV des *Variétés littéraires*.

Vaugirard. L'indécence des attaques de l'académicien, l'indignité de ses sophismes et de ses calomnies, ressortent avec une égale force de cet éloquent plaidoyer. Suard paraît grand surtout quand il défend avec l'accent de la vérité et de l'indignation la mémoire outragée de son ami d'Alembert. Certes, si l'Académie française avait pu détourner le coup qui la menaçait, Suard méritait d'en être le sauveur. Mais son passé était trop glorieux, sa présence aurait formé avec un gouvernement sans frein et sans règle un trop grand contraste pour qu'elle ne pérît point à son tour.

Suard figura dans la journée du 10 août parmi les vétérans qui volaient à la défense du vertueux et infortuné Louis XVI, puis il se retira à Fontenay-aux-Roses, près Paris. Dès que les événements politiques le lui permirent, il reparut dans la capitale, reprit la défense des opinions persécutées, et s'attira par son courage des persécutions nouvelles. Après la journée du 13 vendémiaire, il fut contraint de se cacher ; un grand nombre d'asiles lui furent offerts, et il accepta dans la maison d'un conventionnel une hospitalité généreuse. Proscrit, avec une foule d'hommes illustres, à l'occasion des événements du 18 fructidor, parce qu'il avait défendu dans un journal (1) les opinions que Siméon et Tronson-Ducoudray professaient à la tribune, Suard parvint à se rendre, avec sa femme, à Coppet, où l'appelaient Necker et madame de Staël. Le charme des douces et savantes causeries auxquelles il put s'abandonner avec sécurité dans la maison de ses illustres amis, lui fit oublier quelques jours les violentes tempêtes auxquelles il venait d'échapper. Mais la terreur que la France révolu-

---

(1) *Le Publiciste*. Nouvelle Politique.

tionnaire répandait dans tous les pays limitrophes, l'obligea de chercher un refuge plus sûr en Allemagne. Madame Suard revint en France afin de recueillir quelques débris de sa fortune, et rejoignit son époux à Anspach, où il avait trouvé, grâce à l'émigration, une société française qui lui rendait l'image de la patrie. Habitudes, mœurs, plaisirs même, rien n'y était changé que le climat, et il y goûta encore, au milieu de quelques-uns de ses anciens amis, ces nobles jouissances du cœur qui avaient fait la félicité de sa jeunesse et de son âge mûr. Quelquefois sa pensée, en méditant sur les grandeurs déchues qui l'entouraient, et qui se confiaient dans un meilleur avenir, repliait son âme sur elle-même, et lui révélait dans la société nouvelle d'autres besoins et d'autres rapports que les besoins et les rapports de la société des temps passés. Alors il était tenté de se féliciter de la leçon, quelque rude qu'elle fût, que la destinée donnait à ces débris d'un monde qui n'était plus, mais se transformait, et il disait avec un sourire expressif : « Mes » amis, nous étions perdus, si nous n'avions pas été » perdus. »

Le 18 brumaire lui fit concevoir une double espérance : la première, de voir cesser devant la puissance consulaire la plus grande partie des désordres produits par l'anarchie ; la seconde, de voir se relever la monarchie des Bourbons, non pas que le jeune Bonaparte lui parût suivre les traces de Monk : Suard n'en eut jamais cette opinion ; mais parce que sa raison si éclairée et si judicieuse lui faisait sentir que la puissance exceptionnelle du fait, dans une société qui n'a complétement abjuré ni ses vieilles croyances, ni ses vieilles mœurs, n'est établie dans les vues providentielles que pour le châtiment ou l'éducation d'un peuple, et pour rasseoir avec plus de solidité sur sa base légale, après des épreuves plus ou moins prolongées, la puissance permanente et imprescriptible du droit.

Suard reprit la rédaction du *Publiciste*, à laquelle il réunit plus tard celle des *Archives littéraires*, et captiva l'attention et la bienveillance du pouvoir, de même qu'il sut encore se maintenir dans cette considération, qui fut constamment le besoin le plus impérieux de son âme. A cette époque l'Institut fut réorganisé par les soins du premier consul, qui en fit exclure les sciences morales et politiques, tant il craignait, dans les idées des hommes voués à ce genre d'études, des obstacles à ses projets ambitieux ! Suard fut appelé au secrétariat perpétuel de la classe de la langue et de la littérature française, qui représentait l'ancienne Académie. Trente années auparavant, il avait concouru pour le même honneur avec Marmontel : celui-ci fut élu par la seule raison que ses titres, fondés sur des ouvrages plus considérables, étaient aussi plus nombreux.

Quelque grande et sincère que fût la déférence de Suard pour le gouvernement consulaire, et plus tard pour le gouvernement impérial, son indépendance n'en fut ni moins ferme ni moins courageuse, et il le fit voir dans plus d'une circonstance. L'empereur, à qui Tacite inspirait une aversion profonde dont on entrevoit aisément les motifs, entreprit un jour de détrôner cet historien dans un entretien qu'il eut avec le secrétaire perpétuel, aux Tuileries, devant un public savant et choisi : « Votre Tacite, lui disait Na-
» poléon, n'est qu'un déclamateur, un imposteur, qui a
» calomnié Néron.... oui, calomnié; car, enfin, Néron fut
» regretté du peuple. Quel malheur pour les princes qu'il
» y ait de tels historiens ! —Cela peut être, répliqua Suard;

» mais quel malheur pour les peuples, s'il n'y avait pas
» de tels historiens pour retenir et effrayer les mauvais
» princes ! » Les caresses, pas plus que les menaces, ne
pouvaient faire fléchir son caractère, lorsqu'il croyait que
la conscience ou l'honneur était intéressé. Le procès inique
du général Moreau et l'assassinat du duc d'Enghien avaient
soulevé l'horreur et la défiance générale. Napoléon fit écrire
par un de ses ministres à Suard une lettre dans laquelle
on lui disait, avec tous les ménagements nécessités par la
nature d'une telle proposition, que l'opinion publique
s'égarait sur ces deux faits, et que le chef de l'état verrait
avec plaisir, et même avec reconnaissance, qu'il aidât dans
son journal à redresser les écarts de cette opinion. La réponse est pleine de noblesse et de dignité : « J'ai 73 ans.
» J'ai été lié avec des hommes en place; je leur ai été fidèle;
» mais je ne leur ai jamais fait le sacrifice de mon senti-
» ment et de ma pensée; mon caractère ne s'est pas plus
» assoupli avec l'âge que mes membres ; je voudrais achever
» ma carrière comme je l'ai parcourue. Le premier objet
» sur lequel vous m'invitez à écrire est un coup d'état qui
» m'a profondément affligé, comme un acte de violence
» qui blesse toutes les idées d'équité naturelle et de justice
» politique. Le second motif du mécontentement public porte
» sur l'intervention notoire du gouvernement dans une pro-
» cédure judiciaire soumise à une cour de justice. J'avoue
» encore que je ne connais aucun acte du pouvoir qui doive
» exciter plus naturellement l'inquiétude de chaque citoyen
» pour sa sûreté personnelle. — Vous voyez, monsieur,
» que je ne puis redresser un sentiment général que je
» partage. » L'empereur crut devoir céder cette fois aux
exigences de l'opinion et fit répondre au journaliste qu'il

« entrait dans ses motifs et les comprenait à merveille. » Mais Suard ayant, dans une autre circonstance, malgré toute sa modération, blessé vivement le monarque absolu par une allusion politique, fut enfin réduit à suspendre la publication de ses feuilles, dans l'intérêt de sa liberté fortement compromise.

En sa qualité de secrétaire perpétuel, Suard était membre du jury des prix décennaux, qui lui confia la rédaction de son rapport sur les ouvrages de littérature. Nous ne dissimulerons pas que de graves reproches lui ont été adressés sur la sévérité qu'il apporta dans ses jugements. Sa compétence n'était nullement déclinée ; mais on l'accusait de nourrir en faveur de la littérature du dix-huitième siècle une prévention trop exclusive pour qu'elle lui permît d'apprécier équitablement les productions contemporaines. Sans nous arrêter à le justifier complétement sur ce point, contentons-nous d'observer que pour l'arbitre qui siége sur un pareil tribunal, il est bien difficile de ne pas blesser quelques amours-propres d'auteurs, et de satisfaire tant de prétentions toujours si près de la plainte et du ressentiment. Non, le cœur si généreux, si élevé de Suard n'a pas pu s'ouvrir à de basses jalousies, à d'envieuses animosités. Lorsqu'on a osé dire que Suard professait un dédain systématique de la littérature du dix-neuvième siècle et des jeunes auteurs qui promettaient de l'honorer par leurs talents, on a oublié que plusieurs écrivains très-estimables lui ont dû les premiers encouragements dans une carrière où les débuts sont souvent arrêtés par des obstacles insurmontables. Qu'il nous suffise de citer Victorin Fabre, Auger, et surtout Villemain.

Suard vit enfin rentrer en France la royale famille dont

tous ses vœux appelaient le retour. Il assista, non sans bonheur, à l'établissement de cette monarchie représentative, imitée de la constitution anglaise, qu'il s'était figurée, dans tous les rêves politiques de sa longue existence, comme la forme la plus heureuse de gouvernement applicable à notre patrie. Sans doute, son utopie laissait beaucoup à désirer; mais l'expérience n'avait pas encore mis en relief tous les inconvénients d'une forme de gouvernement qui n'a été possible, avec ses conditions de paix et de stabilité, chez nos voisins, que, parce que l'aristocratie, en pleine vigueur dans leur pays, contre-balance avec avantage l'élément démocratique. Qu'elle puisse également l'équilibrer dans le nôtre, où se propage et prévaut le principe de la souveraineté populaire, il est permis d'en douter. D'ailleurs, Suard admettait la nécessité d'autorités et de prééminences sociales, dont la force morale, indépendante de sa propre nature, fût à l'abri des volontés d'une majorité numérique, qui n'est que l'un des modes de la force matérielle. La logique de ses idées, qui l'avait déjà conduit à reconnaître que la constitution doit être l'expression des mœurs, des habitudes, des croyances d'un peuple, l'eût conduit à souhaiter une forme de gouvernement, qui, laissant à toutes les activités intelligentes leur part légitime dans l'administration des intérêts publics, les préservât également et de l'inertie sans honneur du régime despotique, et des turbulentes tempêtes inséparables des gouvernements populaires.

Lors de la première restauration, le prince de Talleyrand avait jeté les yeux sur lui pour le seconder dans un travail important dont le but était de répandre, sous les formes périodiques d'un journal, les principes d'instruction et d'éducation publiques les mieux appropriés au nouveau régime. La seconde restauration le trouva fidèle à ses convictions politiques, et Louis XVIII voulut récompenser son dévouement en lui envoyant l'ordre et le cordon de Saint-Michel. Peu de temps après, Suard concourut à la réorganisation de l'Institut, qui reprit la forme des anciennes académies. Mais il s'occupa uniquement des travaux qui devaient servir de base pour reconstituer ce corps, et resta toujours étranger aux exclusions qui suivirent, et dont il serait injuste de rejeter sur lui la responsabilité.

Ses derniers jours, exempts des infirmités et de l'ennui qui d'ordinaire accompagnent la vieillesse, s'écoulèrent paisiblement au milieu de ces nobles plaisirs de l'esprit, qui avaient si doucement rempli sa vie. La pensée de la mort, loin de lui causer quelque épouvante, ne pouvait troubler la sérénité de sa belle âme. Il reportait souvent avec complaisance ses regards en arrière, et aimait à recueillir les souvenirs de sa mémoire extrêmement riche et variée, mais en même temps fugitive. La pensée lui vint de les écrire, sans ordre et sans suite, sur des feuilles volantes, que l'on a retrouvées après sa mort. Peut-être en voulait-il faire les matériaux de mémoires, qui seraient devenus sous sa plume si curieux et si piquants. Suard aimait, comme Montaigne qu'il avait beaucoup médité, à se peindre lui-même avec effusion, et plusieurs de ses réflexions ainsi jetées au hasard sont vraiment touchantes. Le passage suivant nous paraît le caractériser avec une grande vérité : « Dans ma jeunesse j'ai été frappé d'un
» vers de Stace :

» Ingenium probitas, artemque modestia vincit.

» J'ai eu l'ambition de mériter un jour un tel éloge.
» Je suis bien loin de m'en croire digne ; et une telle
» ambition exclut même le mérite de la modestie : mais
» qu'on me pardonne de dire que j'en ai eu la pensée. »
Les affections constantes de son cœur, son exquise urbanité ne se ressentirent nullement de l'action du temps, et il vit jusqu'à sa dernière heure les hommes de tout rang et de tout âge, qu'il avait honorés de son amitié, lui témoigner la même considération et les mêmes empressements. Enfin il s'éteignit le 20 juillet 1817, à l'âge de 85 ans.

Peu d'hommes ont mérité aussi bien que Suard d'être cités en exemple comme écrivain et comme membre de la société. Acteur et témoin dans la révolution des idées et dans la révolution des faits qui s'accomplirent durant le dix-huitième siècle, et dont ce siècle a laissé à son successeur la tâche de développer les conséquences immenses, il se conduisit au milieu de circonstances non moins délicates que difficiles, à travers tant d'écueils, avec la prudence et l'adresse du pilote le plus expérimenté. Sa probité, loin de jamais donner prise aux soupçons de l'envie, lui fit reprocher plus d'une fois d'être sur ce point d'une timidité trop scrupuleuse, et il ne connut d'autres profits que ceux qui lui revenaient légitimement de ses travaux. Ce n'est pas qu'en examinant en toute rigueur sa vie privée, on n'y découvre quelques taches. S'il professa dans tous ses écrits les principes de la plus pure morale, peut-être ne se montra-t-il point toujours assez sévère dans leur application aux institutions qui protégent et perpétuent les liens sacrés de la famille et de la société. Mais ses torts furent moins les siens que ceux de son époque. La philosophie du dix-huitième siècle avait inoculé dans les esprits les maximes d'une morale mitigée, bien différente de la loi que le christianisme nous impose de lutter sans relâche contre les tendances et les appétits irréguliers de notre nature ; même avant elle, ces maximes ne s'étaient que trop bien établies par les mœurs publiques. Environné de tant de séductions, pourvu lui-même d'une physionomie et d'un esprit séduisants, Suard ne pouvait manquer de payer son tribut au monde dans lequel il vivait. Mais du moins n'oublia-t-il jamais, dans un temps où de pareilles faiblesses ne passaient pas même pour des fautes, le respect qu'il devait à ses semblables et le sentiment de sa propre dignité. Assez maître de ses passions pour les contenir et les diriger, il n'en connut point les orages, et ne se laissa pas entraîner aveuglément par elles.

La littérature n'était pas le seul terrain où Suard pût obtenir d'honorables succès. Avant la révolution de 1789, il jouit, auprès de plusieurs des dépositaires du pouvoir, d'un crédit dont il fit, en s'oubliant lui-même, un noble et généreux usage. Il ne tenait qu'à lui d'aspirer aux plus hautes fonctions politiques, et il n'en fut détourné que par l'amour du repos et de l'étude. « L'abbé Raynal, occupé
» de ces matières depuis sa sortie de chez les jésuites, et
» chez les jésuites même, dit Garat dans ses mémoires,
» pressa longtemps Suard d'entrer dans cette carrière ;
» il le proposa plusieurs fois aux différents ministres des
» affaires étrangères ; on n'était pas du tout éloigné de la
» lui ouvrir. Mais la vie de l'homme de lettres eut toujours
» toutes les préférences de Suard ; et, sans quitter Paris,
» sans se partager entre la littérature et la diplomatie, il
» remplit souvent avec dignité et avec succès les fonctions

» d'un ambassadeur entre le gouvernement de la France
» et sa littérature. »

Ce que nous avons dit des productions de Suard suffit, nous l'espérons, pour faire déplorer qu'elles n'aient pas été plus nombreuses et plus étendues. S'il en faut croire un de ses biographes, il n'avait jamais cessé de rassembler les éléments d'un grand ouvrage politique sur la constitution de l'Angleterre. L'anarchie révolutionnaire, et, après elle, le despotisme impérial l'empêchèrent de donner suite à ses projets, et lorsque plus tard la liberté respira sous un gouvernement plus juste et plus modéré, le grand âge et le défaut de loisirs en détournèrent Suard. Combien ne devons-nous point regretter qu'il ne lui ait pas été donné d'enrichir notre littérature d'un livre que son expérience des hommes et des choses, son esprit délié et pénétrant, son tact admirable, ne pouvaient manquer de placer à un rang très-honorable auprès des écrits de Delolme et de Montesquieu! Ses entretiens avec les membres les plus influents du parlement anglais avaient donné une étendue et une force nouvelle à ses lumières, et l'estime qu'il faisait des institutions anglaises n'avait nullement affaibli son impartialité, comme le prouvent plusieurs de ses ouvrages, entre autres son article : *Des lois contre les catholiques en Angleterre*(1), dans lequel il fronde l'intolérance anglicane. Suard était à même de parler de ce pays d'après ses propres observations, car il y fit trois voyages, dans l'un desquels il accompagnait le ministre Necker. Lui-même nous apprend qu'il en étudia les lois pendant vingt-cinq ans (2).

(1) Voir le tome IV des *Variétés littéraires*.
(2) *Mélanges de littérature*, tome V, page 102.

D'autres ouvrages avaient tenté son ambition d'écrivain.

« J'ai fait le plan de plusieurs, dit-il, dans les *Lettres du*
» *solitaire des Pyrénées* (1), j'en ai commencé quelques-
» uns, mais le courage m'a bientôt manqué; j'ai senti que,
» pour un esprit actif et accoutumé à réfléchir, ce n'était
» qu'un amusement agréable que de jeter sur le papier ses
» idées à mesure qu'elles naissent à la vue des objets qui
» nous frappent, ou à la suite des méditations qui nous
» ont occupés. Mais concevoir un grand plan, en disposer
» avec ordre toutes les parties, donner à chaque idée la
» place, l'étendue, la couleur qui conviennent à son objet,
» c'est un travail long et pénible auquel on ne peut être
» encouragé que par un grand intérêt. Mais à mon âge,
» dans la solitude et l'oubli du monde où je veux achever
» de vivre, quel intérêt assez puissant pour me payer d'un
» si grand sacrifice ? L'amour de la gloire, comme les autres
» amours, ne conviennent guère qu'à la jeunesse. Elle voit,
» dans les succès de l'esprit, des moyens d'obtenir tous
» les genres de succès; la vie est pour elle un horizon sans
» bornes, où mille plaisirs l'appellent et l'attendent. Ses
» espérances s'enflamment par la multitude même et la
» vivacité de ses jouissances : elle veut avec ardeur, exé-
» cute avec constance, parce qu'elle s'exagère le prix du
» triomphe, et qu'elle envisage un long avenir pour en
» jouir. Mais quand l'âge de la vieillesse est venu, l'avenir
» est bien peu de chose; à peine ose-t-on y porter la vue;
» les jours qu'il faut sacrifier sont précieux, parce qu'il en
» reste trop peu pour recueillir les fruits du sacrifice : on
» fait peu de cas d'une gloire qui ne tient qu'au suffrage

(1) *Mélanges de littér.*, tome 1er.

» d'une multitude dont on a trop appris à apprécier les
» opinions ; et la postérité, comme les fantômes que l'ima-
» gination crée ou exagère, devient moins imposante à
» mesure qu'on en approche. » Les souvenirs épars qu'il
a écrits de sa main nous apprennent encore que, volant de
fleur en fleur comme l'abeille du fablier, mais moins laborieux que La Fontaine, il posséda plus les lettres qu'il
n'en fut possédé. Il nous fait ainsi la confidence de ses goûts
de nonchaloir : « *Dùm omnia scire volumus, nihil scimus.*
» C'est ce qui m'est arrivé ; mais c'est ce que j'ai pu faire
» de mieux. J'ai suivi mon penchant, j'ai beaucoup joui,
» et je n'ai rien sacrifié, car je ne pouvais pas aspirer à la
» gloire du génie, la seule qui eût pu me tenter. » On voit
que sa modestie ne le cédait pas à ses talents ; elle parut
davantage encore dans une occasion solennelle, où, chargé
de représenter l'Académie française, il disait : « Je sens que
» j'ai parlé trop longtemps de l'art de la parole devant
» mes maîtres, et du ton du monde dans une assemblée
» qui en offre tant de modèles. Les règles n'ont d'autorité
» que dans la bouche de ceux qui peuvent fournir les
» exemples. C'était à un de ces écrivains qui ont étendu
» par leurs ouvrages la gloire de l'Académie, qu'il appartenait de relever par l'éloquence l'utilité de son institu-
» tion et de ses travaux. Le sort, en me désignant pour
» être aujourd'hui l'organe de cette compagnie, a voulu
» qu'il manquât quelque chose à l'éclat de cette solennité
» littéraire (1). » On aurait tort pourtant de prendre à la
lettre ces aveux qui coûtaient moins à l'amour-propre de
Suard qu'à tout autre, et de penser qu'ils dussent affaiblir

---

(1) *Variétés littéraires*, tome IV, page 491.

la légitimité de ses titres à l'estime de la postérité. Certes, l'écrivain dont les rapports et les discours prononcés dans le sein de l'Académie française avaient le pouvoir d'exciter l'admiration de ses collègues, l'auteur de tant de productions où la finesse des observations n'est égalée que par l'élégance soutenue du style, n'était pas un écrivain vulgaire. Voyez avec quelle sagacité il choisit les traits les plus propres à faire ressortir le génie et le caractère des personnages qu'il veut peindre (1), avec quel art il les met en action et appelle sur eux tout notre intérêt, avec quel discernement il saisit, dans les secrets de la phrase de l'auteur qu'il étudie, le tour ou l'expression qui refléteront ainsi qu'un miroir son âme et son esprit. Soit qu'il signale dans les *Lettres de Sévigné* cette grâce et cette vigueur de touche inimitables, ou dans les écrits de La Bruyère cette hardiesse féconde du pinceau, et cette fraîcheur continuelle du coloris qui conserve encore tout son éclat; soit qu'il nous révèle, dans sa critique du statuaire à qui l'on doit le mausolée du maréchal de Saxe et la statue de Voltaire, le sentiment le plus éclairé des beaux-arts ; soit qu'enfin prenant le théâtre français à sa naissance il en recherche les origines, et nous représente les phases qu'il a parcourues jusqu'au temps de Corneille, Suard ne descend jamais au-dessous de lui-même, et nous nous plaisons à voir partout réunis la justesse des appréciations, l'originalité des aperçus, l'heureux accord des expressions et des idées. Les jeunes talents de nos jours trouveront plus d'un avis

(1) Articles de La Rochefoucauld, de Vauvenargues, du pape Clément XIV, de La Bruyère, de madame de Sévigné, de Pigalle, du Tasse, etc.; auxquels il faut joindre les excellentes notices que Suard a fournies à la *Biographie universelle*.

salutaire dans les *Fragments sur le style*, et dans les *Conseils à un jeune homme*. Ne peut-on pas affirmer que le mérite d'un écrivain fondé sur des titres aussi variés et aussi solides, quand il ne supposerait pas le génie, suppose une réunion de dons de l'esprit aussi rare que le génie (1)? Sans doute, la littérature française compte avec orgueil un grand nombre d'écrivains du premier ordre, dont les ouvrages plus renommés seront consultés plus souvent que les siens. Mais parmi ceux-là même qui ont le plus glorifié leur patrie, combien en est-il qui puissent à meilleure raison servir constamment de guide? Les uns, pleins du sentiment de leur supériorité, semblaient en vouloir écraser tout ce qui les environnait; d'autres affichaient dans les relations sociales un mépris des usages reçus et des plus simples convenances, peu propre à leur concilier les sympathies de leurs contemporains; ceux-là enfin, comme pour ne pas épouvanter l'imagination humaine du spectacle d'une perfection impossible à rencontrer ici-bas, réunissaient aux facultés les plus rares et les plus enviées, d'inconcevables faiblesses ou des passions aveugles. Ne semble-t-il pas que Suard ait été formé par la providence pour être un exemple de l'heureuse fusion de l'homme de lettres et de l'homme du monde; et pour enseigner à la jeunesse que sans avoir reçu du ciel un de ces génies créateurs, qu'il y aurait pour le grand nombre une présomption absurde à s'attribuer, l'on peut encore obtenir dans la carrière des lettres une réputation honorable très-compatible avec les devoirs que la société impose à chacun de

---

(1) Paroles de Suard. Voyez sa Notice sur La Bruyère, dans les *Mélanges de littérature*, tome II, page 104.

nous? Qui mieux que Suard sut les remplir avec conscience et fidélité ? C'est par là qu'il a doublement droit à notre estime et à nos éloges. En un mot, Suard était un de ces hommes qui, à force d'amabilité, se font pardonner leurs talents; que dis-je, les font aimer et rechercher partout où se trouvent des âmes capables d'apprécier tous les genres de mérite, et de goûter les charmes qu'ils répandent dans la société.

Un autre trait de ce caractère dans lequel venaient se fondre tant de qualités diverses et quelquefois opposées, c'est que Suard, savait goûter et répandre dans l'intérieur de son ménage la joie et le bonheur qu'il procurait dans le grand monde qu'il fréquentait. Que ne puis-je dignement retracer cette vie toute d'amour et de confiance, qui rapprochait deux êtres si bien faits pour s'apprécier et pour s'aimer? Je la peindrais, cette femme heureuse, adorée, sentant chaque jour avec délices s'accroître à l'unisson l'affection et l'estime qu'elle avait vouées à son époux, et déclarant à Voltaire qu'elle honorait, comme presque tout le dix-huitième siècle, d'une espèce de culte : « Une seule destinée » eût pu balancer dans mon cœur celle d'être la femme de » M. Suard : c'eût été d'être votre nièce, et de vous dé- » vouer ma vie entière. » Comment cette étroite union qui de deux âmes ne fait qu'une âme n'eût-elle pas existé entre eux ? Grâces, esprit, talents, sentiment délicat et universel du goût et des convenances, on aurait été souvent embarrassé de décider lequel des deux formait un assemblage plus parfait de ce qui plaît aux yeux et au cœur. Tout cela était encore rehaussé par une simplicité pleine d'attrait. C'est l'un des deux qui a dit : « Il y a des vertus qui peuvent être » déplacées ; mais tel est le charme de la simplicité, qu'elle

» est partout à sa place, et qu'elle se fait aimer de ceux
» même qui ne peuvent l'imiter (1). » Madame Suard trouve
cependant moyen d'adresser un gracieux reproche à son
époux : « Son cabinet, » dit-elle dans sa correspondance
écrite chez le patriarche de Ferney, « me frappa par l'ordre
» qui y règne : ce n'est pas, comme le vôtre, des livres
» pêle-mêle et de grands entassements de papiers; tout y
» est en ordre. » Ses lettres nous montrent à quel point ses
sentiments et ses opinions correspondaient à ceux de Suard.
Malgré le prestige que Voltaire exerçait sur tous ceux
qui l'approchaient, elle osa bien défendre contre ses raille-
ries irréligieuses Pascal et Racine, Jésus-Christ lui-même.
A la vérité, elle parle du Rédempteur divin comme d'un
philosophe selon son cœur : mais s'exprimer de cette façon,
dans ces temps et devant Voltaire, n'était pas sans courage,
j'allais dire sans audace. Et quand elle rendait ainsi compte
de ses entretiens à son époux, elle était sûre qu'elle ne
faisait que rapporter les idées et les opinions de Suard. Un
regret jeta cependant une espèce de nuage sur leur vieillesse : le ciel leur avait refusé le bonheur de se voir re-
naître dans leur postérité. Mais la bienfaisance ingénieuse
de Suard sut se créer une famille nombreuse, en encoura-
geant et secourant une foule de jeunes écrivains et d'ar-
tistes, qui suivaient leur vocation périlleuse à travers les
orages de l'adversité. Suard avait fait partager à sa femme
toutes ses affections, dans lesquelles il comprit surtout et
toujours sa belle Comté, et l'on peut dire que par l'âme et
par le cœur madame Suard fut entièrement franc-comtoise.

(1) Suard, discours académique de 1784, dans les *Variétés littéraires*, tome IV, page 478.

Quel pays plus que la Franche-Comté allume dans le cœur de ses enfants une tendresse toute filiale, un éternel dévouement à la patrie? Suard voulut que son nom y fût béni autant qu'il était honoré. Il précéda sa femme dans la tombe et lui laissa la noble tâche de réaliser leur projet commun de bienfaisance. Ses dernières volontés ont été religieusement accomplies, et, comme un ange consolateur, elle a écarté les angoisses et les misères réservées dans la capitale à ceux de ses jeunes compatriotes qui voudraient marcher sur les traces du secrétaire-perpétuel de l'Académie française (1). « J'ai cru, dit-elle dans le testament où elle
» a exprimé son dernier vœu, j'ai cru que l'âme si noble,
» si douce, si bienveillante de mon ami bien-aimé souri-
» rait au projet que j'ai adopté d'aider les premiers pas de
» ces dignes et vertueux jeunes gens au début de leur stu-
» dieuse carrière. » Qu'ils soient bénis ces deux cœurs généreux et purs, qui, non contents d'honorer leur pays de l'illustration de leur nom, ont voulu l'honorer encore davantage en frayant la voie à de nouvelles illustrations! Que les jeunes écrivains destinés à grandir sous leur patronage immortel soient pour eux mieux que la postérité qu'ils regrettaient, et que les accents de la reconnaissance de cette famille adoptive montent comme l'encens dans le séjour de paix qu'ils habitent, et augmentent encore leur félicité. Puissent-ils sourire du haut des cieux aux gloires nouvelles qu'ils auront préparées à la Comté, à la France entière ! Que le portrait de Suard, le portrait de l'homme de talent et de l'homme de bien, reparaisse dans nos fêtes académiques les plus solennelles, et qu'il anime à marcher con-

---

(1) Fondation de la pension-Suard.

stamment dans les voies où se trouvent la véritable gloire littéraire et la considération attachée à la vertu, la jeunesse française, et plus particulièrement notre jeunesse franc-comtoise, dont il mérita de devenir à la fois le bienfaiteur et le modèle !

NOTES.

Note I.
Page 18, ligne 14.

Il est remarquable que Bernardin de Saint-Pierre, dont les ouvrages vivront surtout par le style, s'exprimait aussi très-difficilement. « Les gens du » monde, dit M. Aimé Martin, dans son fragment *de l'auteur de Paul* » *et Virginie et de l'influence de ses ouvrages*, les gens du monde, » presque toujours aussi turbulents et plus inconsidérés que des enfants, » s'accoutumaient avec peine à la lenteur de son élocution. »

Note II.
Page 19, ligne 1re.

C'est madame du Deffant qui fit cette boutade si connue :

Quand l'humeur vient me prendre
Et que je fais du noir,
J'écoute sans entendre,
Je regarde sans voir.
Si de ma léthargie
Je sors par un soupir,
Je sens que je m'ennuie ;
Ça fait toujours plaisir.

Note III.
Page 29, ligne 8.

Dans son discours de réception, Suard s'exprimait ainsi sur Voltaire : « Heureusement pour le bon goût, il s'éleva dans le même temps un » homme extraordinaire, né avec l'âme d'un poëte et la raison d'un phi-

» losophe. La nature avait allumé dans son sein la flamme du génie et
» l'ambition de la gloire. Son goût s'était formé sur les chefs-d'œuvre du
» beau siècle dont il avait vu la fin; son esprit s'enrichit de toutes les
» connaissances qu'accumulait le siècle de lumière dont il annonçait l'au-
» rore. Si la poésie n'était pas née avant lui, il l'aurait créée. Il la défen-
» dit par des raisons; il la ranima par son exemple; il en étendit le domaine
» sur tous les objets de la nature. Tous les phénomènes du ciel et de la
» terre, la métaphysique et la morale, les révolutions et les mœurs des
» deux mondes, l'histoire de tous les peuples et de tous les siècles, lui of-
» frirent des sources inépuisables de nouvelles beautés. Il donna des mo-
» dèles de tous les genres de poésie, même de ceux qui n'avaient pas
» encore été essayés dans notre langue. Il rendit le plus beau des arts à
» sa première destination, celle d'embellir la raison et de répandre la
» vérité. L'humanité surtout respira dans ses écrits, et leur imprima
» ce caractère noble et touchant, qui donnera à l'auteur encore plus d'ad-
» mirateurs et d'amis dans les siècles futurs, qu'il n'a eu dans le nôtre
» d'envieux et de calomniateurs. »

A côté de ce portrait, tracé par l'admiration complaisante d'un con-
temporain, il est curieux de voir celui qu'a fait du même philosophe un
écrivain dont le jugement, prononcé à distance, et par cela même
exempt et de la passion qui dénigre, et de l'enthousiasme qui égare,
acquiert plus d'autorité.

« Plus Voltaire, dit M. de Barante, avançait dans la carrière, plus il
» s'y voyait entouré de renommée et d'hommages. Bientôt les souverains
» devinrent ses amis et presque ses flatteurs. La haine et l'envie, en se
» révoltant contre ses triomphes, excitèrent en lui des sentiments de co-
» lère. Cette opposition continuelle donna plus de vivacité encore à son
» caractère, et lui fit perdre souvent la modération, la pudeur et le goût.
» Telle fut sa vie; telle fut la marche qui le conduisit à cette longue vieil-
» lesse qu'il aurait pu rendre si honorable, lorsque entouré d'une gloire
» immense, il régnait despotiquement sur les lettres, qui elles-mêmes
» avaient pris le premier rang entre tous les objets où se portent la cu-
» riosité et l'attention des hommes. Il est triste que Voltaire n'ait pas
» senti combien il pouvait ennoblir et illustrer une pareille position, en
» profitant des avantages qu'elle lui offrait, et en suivant la conduite
» qu'elle semblait lui prescrire. On s'afflige que, se laissant entraîner au
» torrent d'un siècle dégradé, il se soit plongé dans un cynisme qui peut
» encore s'excuser dans la licence de la jeunesse, mais qui forme un
» contraste révoltant avec des cheveux blancs, symbole de sagesse et de
» pureté. Quel spectacle plus triste qu'un vieillard insultant la Divinité,

» au moment où elle va le rappeler, et repoussant le respect de la jeu-
» nesse, en partageant ses égarements ! »

Au reste, le ton un peu goguenard qui règne dans la lettre de Voltaire au nouvel académicien peut faire douter que sa reconnaissance fût bien sincère. « Savez-vous, écrit-il à Suard, qu'un curé de votre pays a fait
» un assez gros livre pour prouver que je suis le plus religieux des
» hommes, et que j'ai eu bien de la peine à empêcher qu'il ne fût im-
» primé, tant la bonté extrême de cet honnête curé aurait fait rire la ma-
» lignité humaine ? »

Les jugements divers que l'on a portés sur les facultés brillantes du maître des philosophes au dix-huitième siècle et le déplorable abus qu'il en a fait, ont été résumés dans ce quatrain :

> Voltaire sur le monde a régné par l'esprit ;
> Son nom cher et maudit vivra dans tous les âges ;
> L'erreur, la vérité, s'étouffent dans ses pages ;
> On l'admirerait plus s'il avait moins écrit.

NOTE IV.
Page 30, ligne 6.

« Mon cher baron, écrivait Hume au baron d'Holbach, Jean-Jacques
» est un scélérat. » — De son côté, Jean-Jacques écrivait à Hume lui-même : « Vous êtes un traître ; vous ne m'avez mené ici que pour me
» perdre après m'avoir déshonoré. »

NOTE V.
Page 35, ligne 5.

Le poëme de *Polymnie* a été réimprimé plus tard sur des copies qui s'en étaient conservées. Mais on ne le trouve pas dans le recueil des *OEuvres de Marmontel*, éditées par lui-même en 1786, et, lorsque, après la mort de l'auteur le libraire Guillaume, de Paris, voulut le publier, la famille du poëte refusa son consentement à la vente. L'abbé Arnaud avait fait cette épigramme sur *Polymnie* :

> Chez son libraire,
> Marmontel, mécontent, jurait
> De composer dans sa colère
> Un ouvrage qui resterait........
> Chez son libraire.

Ce fut l'abbé Arnaud qui donna le signal de la fameuse querelle entre les gluckistes et les piccinnistes. Marmontel avait retouché le *Roland* de Quinault pour l'offrir à Piccinni. Le bruit se répandit que Gluck travaillait aussi à une pièce qui portait le même titre. — « Tant mieux, dit l'abbé » Arnaud, nous aurons un *Orlando* et un *Orlandino*. » — Ce mot fut la déclaration de guerre.

NOTE VI.
Page 42, ligne 14.

On a vu, de nos jours, se confirmer pleinement toutes les craintes et toutes les prévisions de Suard, dès que la censure dramatique a été supprimée. Nous livrons à la méditation de nos lecteurs ces graves paroles, prononcées à la tribune de la chambre des députés par le président du conseil des ministres en 1836 :

« Notre théâtre, messieurs, c'était la gloire de la France; c'est par
» notre théâtre que la langue française s'était popularisée en Europe,
» qu'elle était devenue la langue de la société, la langue des beaux-arts,
» la langue des relations inter-nationales.

» Qu'est-ce maintenant que le théâtre en France? Qui est-ce qui ose
» entrer dans une salle de spectacle, quand il ne connait la pièce que de
» nom? Notre théâtre est devenu non-seulement le témoignage éclatant
» de tout le dévergondage et de toute la démence auxquels l'esprit hu-
» main peut se livrer lorsqu'il est abandonné sans aucun frein; mais il
» est devenu encore une école de débauche, une école de crimes, et une
» école qui fait des disciples que l'on voit ensuite, sur les bancs des cours
» d'assises, attester par leur langage, après l'avoir prouvé par leurs actions,
» et la profonde dégradation de leur intelligence, et la profonde dépravation de leurs âmes. »

NOTE VII.
Page 50, ligne 4.

Bonaparte, n'étant encore que général, avait eu la pensée de se rendre maître de l'opinion en s'emparant de la direction du journalisme. M. Aimé Martin rapporte à cet égard un fait assez curieux pour que nous croyions le devoir consigner ici.

Le général avait un jour réuni près de lui quelques littérateurs qu'il entretenait des récits de ses guerres; puis « il parla de son goût pour la » retraite, du dessein qu'il avait de vivre à la campagne; et tout à coup,

» s'animant contre les journalistes qui osaient l'accuser d'ambition, il
» s'indigna de leur servilité et de leurs mensonges; rappela plusieurs
» traits amers de satire dirigés contre sa personne, ou les écrits de ceux
» mêmes qui l'écoutaient, et finit par engager tous ses amis à se réunir à
» lui pour rédiger une feuille consacrée à la vérité, et qui formerait l'opi-
» nion publique. L'adresse du héros ne réussit pas; et, soit que sa proposi-
» tion eût effrayé la paresse de ses auditeurs, soit qu'elle eût éveillé
» quelques soupçons de ses projets, les uns s'excusèrent sur le mépris
» qu'inspiraient de si méprisables adversaires; les autres soutinrent, à
» l'exemple de Boileau, que la critique, même injuste, double les forces
» du génie. Mais un incident imprévu décida la question; un poëte doué
» d'une voix sonore et d'une haute stature, apostrophant Bonaparte, lui
» dit : Général, vous nous appelez à un pouvoir qui ne souffre point de
» maître ! Si nous devenions journalistes, vous nous redouteriez, vous
» nous écraseriez. S'il faut en croire l'événement, cette prévision ne dé-
» plut pas à Bonaparte; elle lui apprit au moins le danger de ce qu'il
» souhaitait. Et qui pourrait dire ce que serait devenue la fortune de cet
» homme extraordinaire, si les Ducis, les Arnaud, les Lemercier, les
» Collin d'Harleville, les Bernardin de Saint-Pierre, se rendant maîtres
» de l'opinion publique, l'avaient dirigée dans l'intérêt de la patrie et de
» la vertu ! Bonaparte ne songeait qu'à l'intérêt de sa gloire ; il devint
» rêveur, distrait, ne prit plus aucune part à la conversation, et ses con-
» vives comprirent qu'il était temps de se retirer. »

Note VIII.
Page 51, ligne 6.

Nous avons aujourd'hui en Europe l'exemple d'un souverain qui paraît disposé à faire pour ses états ce que Louis XVIII aurait dû faire pour la France, s'il eût été mieux éclairé, ou s'il n'avait pas été dominé par les circonstances.

Voici ce qu'on lit dans la *Revue des deux Mondes* du 15 avril 1841 :
« Les promesses faites au peuple prussien au jour du malheur, et lors-
» qu'on lui demandait de gigantesques efforts, n'ont pas été tenues. La
» Prusse avait pardonné cet oubli à son vieux roi. Il avait tant souffert
» avec elle, il était si honnête homme et un ami si sincère du peuple,
» qu'on ne voulait pas affliger ses vieux jours. On se contenta des états
» provinciaux.

» Le roi actuel, dit-on, n'est pas éloigné de reprendre en sous-œuvre
» les idées qui paraissaient abandonnées. Il aime la gloire, et il est l'élève

» éclairé d'une école qui ne conçoit peut-être pas la liberté et les insti-
» tutions qui la garantissent comme nous les concevons, mais qui les
» conçoit cependant à sa manière, qui les aime et les désire. Le roi de
» Prusse appartient à l'école *historique*. Il ne sera donc nullement dis-
» posé à importer chez lui, d'une seule pièce, la constitution anglaise,
» la chambre française, ou telle autre institution étrangère à la Prusse,
» à ses antécédents et à ses mœurs. Mais il doit être enclin à tirer des faits
» nationaux, des éléments historiques de la Prusse, tout ce qu'ils ren-
» ferment de libéral, de généreux, de propre à garantir le développe-
» ment d'une sage liberté. »

La même *Revue*, dans sa livraison du 1er juin 1841, renferme ces phrases remarquables à propos de la Grèce :

« La Grèce doit être organisée, elle peut être gouvernée ; mais la
» Grèce n'est nullement préparée aux institutions des nations les plus
» policées de l'Europe. C'est d'ordre avant tout qu'elle a besoin, et le
» germe des institutions libérales qui devront peu à peu se développer en
» Grèce, c'est chez elle, dans ses mœurs, dans ses habitudes, dans son
» propre sol qu'il le faut chercher. Renonçons une fois à cette ridicule
» importation de chartes étrangères chez des peuples qui ne peuvent en
» saisir ni le langage ni l'esprit. Bentham pouvait offrir des constitutions
» et des codes tout faits au monde entier : libre à un philosophe d'être
» quelquefois ridicule ; mais pour des hommes politiques, d'expérience,
» d'action, de pareilles tentatives ne seraient pas seulement absurdes,
» elles seraient coupables. »

NOTE IX.
Page 52, ligne 10.

« M. Suard a été beaucoup accusé, même auprès de moi, » dit Garat, qui mérite d'autant plus d'en être cru sur ce sujet, qu'il fut une des premières victimes de ces mesures officielles, « d'avoir provoqué ou mul-
» tiplié les épurations qui ont enlevé à de grands corps des membres
» qu'ils paraissent regretter et rappeler : je n'ai pu et je ne pourrai ja-
» mais le croire. Mis par ses fonctions en rapport inévitable avec un
» ministre, on aura attribué au secrétaire perpétuel de l'Académie ce qui
» n'était l'ouvrage que d'un homme qui traversait le ministère. »

www.ingramcontent.com/pod-product-compliance
Lightning Source LLC
LaVergne TN
LVHW021002090426
835512LV00009B/2031